Marie Marcks
Marie, es brennt!
Eine gezeichnete Autobiographie 1922–1968

Marie Marcks
Marie, es brennt!
Eine gezeichnete Autobiographie 1922–1968

Verlag Antje Kunstmann

Erste Auflage 1995
c: Verlag Antje Kunstmann GmbH, München 1995
und Marie Marcks, Heidelberg
Alle Rechte vorbehalten · Printed in Germany
Druck und Bindung: Freiburger Graphische Betriebe
ISBN: 3-88897-151-9

Marie Marcks
Marie, es brennt!
Eine gezeichnete Autobiographie 1922-1968
— Erster Teil —

Mitten in der Inflation, als 1 Mohrrübe 10 000.- Mark kostete und meine Mutter sich ihren Unterricht in Briketts bezahlen ließ,

Kam ich im Krankenhaus Bethanien zur Welt.

Heute ist es ein Künstlerhaus und liegt in Kreuzberg

und wo Kreuzberg ist, weiß jeder: in Berlin.
Weil ich als Kleinere Schwester auf die Welt kam, war ich eben das Bebi, und bin es bis heute geblieben.

Von Gusse lernte ich die allerschönsten Lieder: „O wie wohl ist mir am Abend" und „Langlanges Zehr." Und die Wolgaschiffer.

Irgend wie hat mein Bild Ausbombung, Evakuierung und viele viele Umzüge überstanden.

Gusse machte mit uns auch sehr gerne den Spaziergang zum Krematorium.

Besonders ich fiel auf Gusse's Späße immer wieder rein.
Ike, die Furchtlose, weniger.

Und wenn die Feuerwehr oder das Überfallkommando tutete!

Zum Glück hatten wir keinen Balkon.

Gusse hatte mir gerade Kokosflocken - ein Tütchen weiße, ein Tütchen rosane bei Epa gekauft, (wo ich später meinen ersten Diebstahl tätigte: Der redliche Kauf war mir wegen Kitsch verwehrt worden,) - da stürzte ein Mann heraus und überschüttete uns mit Schachteln und Tüten. Er könne nicht soviel tragen. Aber Gusse wollte nachher alles in den Mülleimer schmeißen, ob sie es aber wirklich getan hat, weiß ich nicht mehr.

↓ Wie alt ich dann sein würde, konnte ich noch nicht rechnen. Auf jeden Fall ur-ur-alt. (Aber diese Weissagung hat gestimmt: Die "Geburten-starken Jahrgänge" stammen aus den fetten frühen 60er Jahren!

Einmal brannte es eine Straße weiter, in der Nassauischen. So ist es im Krieg. Lieber Gott, gib daß kein Krieg kommt. Noch eine Straße weiter, in der Holsteinischen, sah ich diese Szene. Das Mädchen brachte rennend und schluchzend das Bier und kriegte nochmal eine

schreckliche Ohrfeige. Es hatte schon einen winzigen Busen.

Jeden Morgen wurde das Eßzimmer in's Atelier verwandelt.

Dieses ist sozusagen Taubenmist!

Die Neuen wurden erstmal vor Onkel Gerhard's Taube gesetzt: Eine Porzellanskulptur, die beim Brand zusammengesackt war und an der einfach alles schief war.
Die armen Schüler bemühten sich vergebens Senkrechte oder Geraden auszumachen.

Die Schüler liebten und verehrten meine Mutter sehr.

**PRIVATE KUNSTSCHULE
ELSE MARCKS
BERLIN-WILMERSDORF
LANDHAUS-STRASSE 18**

E.M.

Sie war selbst Meisterschülerin von E. R. Weiß und Emil Orlik gewesen, ihr Arbeitstisch hatte vorher ihm

gehört.
Heute sitze ich dran.

Unser Leierkastenmann kam oft, denn er machte in der Landhausstraße 13, Gartenhaus, ein gutes Geschäft. Ich höre noch den kleinen, hellen Knall, mit dem die eingewickelten Groschen im Hof aufschlugen.

Dies ist der düstere Gang der Volksschule, in die ich 1928 eingeschult wurde. Er roch nach Turnschuhen. Das helle Viereck hieß nicht Freiheit, sondern nur Schulhof. Ich sollte immer hübsch höflich und manierlich sein.

Mein 1. Schultag

Und meine erste Lehrerin hieß Fräulein Bröde.

Manchmal konnte ich Susse dazu gewinnen, mich mit dem Klappsportwagen zur Schule zu fahren. Allerdings nicht bis vor's Schultor. — Schönschrift schrieb mir meistens meine gute Mutter vor, — ganz, ganz leise mit Bleistift. Leider merkte es Fräulein Bröde mitunter. Oft, wenn wir Nachsitzen hatten, kam meine Mutter

und befreite uns. Einfach so. Fräulein Bröde war dagegen machtlos.

Schulausflug auf die Siegessäule. Ich stellte mir vor, ich würde Fräulein Bröde runterstürzen; ein schöner Traum – indessen: Nichts geschah.

Neben mir saß Sophie. Sophie war an allem Schuld, außerdem war sie 'ne Jüdsche. Einmal war der Klassenschlüssel weg und es war vollkommen klar, wer ihn geklaut hatte:

Die Sophie war's, die Sophie war's!

Da stand eine auf:

Ach, ich wäre gerne ihre Freundin geworden! Aber sie ging bald darauf ab.
   Die Zeiten waren schlecht. Wohlhabendere Eltern gaben für die armen Kinder Schulbrote mit. Es war nicht schwer, auch welche zu kriegen. Meine eigenen fand ich nicht halb so gut.

Wenn mein Vater guter Laune war, fielen für mich viele schöne Bilder und wilde Geschichten ab. Wenn nicht, („Dietrich ist mal wieder saulaunig"), war für mich nichts zu holen. — Es gab noch viele Pferde zwischen den Autos in Berlin, sie führten aber ein ziemlich trauriges Leben. Die Marktpferde waren vom vielen Warten schon ganz knickebeinig.

Die schlimmen Dinge sah ich meistens auf dem Schulweg, der führte durch halb Wilmersdorf und Schöneberg: Wir gingen auf die weit entfernte Rückertschule, weil wir möglichst viel an der Luft sein sollten.

Bagger und Kräne sah man in den Baugruben noch selten und daß der Begriff PS = Pferdestärken auf Pferdeschinderei zurückgeht, wurde mir erst später in Physik klar.
Als mal ein toter Schimmel vor der Schule lag, mußte ich mir natürlich alles ganz genau angucken, auch als der Abdecker kam. Und ich begriff auch irgendwann, woraus Blutwurst gemacht wird, die ich bis dahin als „Pemmikan" auf Sauerkraut gerne gegessen hatte.
Wenn mich dann nachts diese Bilder heimsuchten, kroch ich zu meiner Mutter ins Bett.

Kurz darauf machte Ike was noch Besseres aus: Den Bund. Da waren 2 Mädchen in ihrer Klasse, die kamen Sonnabends manchmal in Kluft zur Schule, weil sie danach auf Fahrt gingen.

Die Befragung zu Hause führte erst zu einem Mißverständnis, und dann, nach nochmaliger Rückfrage zu einer Abfuhr.

Beim nächsten Versuch war Ike dann klüger: Hatte es bei der Gruppe „Heglinge" nicht geklappt, so doch dann bei den – allerdings etwas weniger feinen – „Wölsungen". Und obgleich ich eigentlich noch zu klein war, durfte ich mit.

Als es mal um die Erlaubnis zu einer Fahrt ging, versuchte unsere Führerin Victoria Knolle, meinen Vater rumzukriegen. Leider kompromittierte er uns. – Er hörte immer als Erster

die Kraniche trompeten, – ich habe mir immer die Augen ausgeguckt, aber sie nie gesehen. Dafür aber den Zeppelin.

Meine Eltern schickten mich zu meiner Bio-Lehrerin in die Wohnung; erst nachher sagten sie mir, daß sie als Jüdin von der Schule gejagt worden war. Auch meine Mutter bekam die Aufforderung, evtl. „nichtarische" Lehrkräfte „frühstmöglich" zu entlassen. Aber sie war, wie ich heute, ein Ein-Frau-Betrieb, hatte aber dafür viele jüdische Schüler. Sie dachte gar nicht daran, sie rauszusetzen, zumal sie oft ihre begabtesten und

ihre Lieblinge waren, wie z. B. Gabi und Mandelchen. Sie kamen alle noch vor Kriegsausbruch raus aus Deutschland. Da sie auch eine große Schriftkünstlerin war, hatte sie auch Buch- und Plakataufträge. Für dieses Plakat bekam sie kein Honorar mehr, die beiden Musiker waren ausgewandert. Sie schickten ihr aber die Platten mit dem wunderschönen Konzert. Ich habe sie noch heute.

Meine Mutter sucht Donnerkeile.

Die Insel Oie →

In den Sommerferien waren wir immer auf der Insel Usedom, immer dort, wo keine Leute waren.
Als mal wieder Krach zu Hause war, wagte ich - mit ein paar Bäumen zwischen uns, meinem Vater die Gretchenfrage zu stellen: Seine Antwort genügte mir.

Warum hast du Mami eiKlich geheiratet?

Weißt du, sie war wie ein Rennpferd unter lauter Salatschnecken!

Meine liebste Freundin
in diesen Jahren

war Ulli Mahraun,
mit feurigen Augen und einem langen braunen Zopf: Der geborene Indianer. Da aber „Winnetou" so häufig war, wie Horst oder Günther, dachte sie sich einen anderen Namen aus. Ich widmete ihr dieses Heldenlied, meine Mutter schrieb es so schön. Mein Name war „Büffelstirn".

Den Indianerschmuck
hatten mir meine Eltern aus Bussardfedern gemacht.

Ulli Mahraun's Vater war Großmeister vom Jungdeutschen Orden und meistens in Festungshaft. Von dort bekam er manchmal Urlaub auf Ehrenwort und weil niemand ihn sehen sollte, würde dann mit der Taxe in den Grunewald gefahren.
Für 11.- Mark! - Die Eltern gingen voraus und wir bändelten mit einem netten Jungen an. Der schlug auf einmal den Kragen auf und zeigte uns was.

„Aber nicht meinem Vater sagen!"

„der ist nämlich Jude!"

Im Stadtpark gab es einen Jungen, der hatte seinen Hund dressiert:

„Das ist vom Kommunisten..."

„Das ist vom Nationalsozialisten!"

In den Sommerferien war ich bei meinen beiden Kusinen eingeladen, den Töchtern von Onkel Gerhard und Tante Maria. Meine erste Reise allein!
In Ahrenshoop wurde ich abgeholt.

Die Tante hatte sich irgendwie verändert. Außerdem hatte sie ein Parteiabzeichen. Ich hatte Angst vor ihr und redete meinen Kusinen ein, sich mit mir zu verstecken. Schließlich fand uns ihr großer Bruder,

und zu meiner Erleichterung stellte sich heraus, daß die Abhol-Tante nicht die Richtige war. Die Echte hatte kein Hakenkreuz, aber hielt ihre Töchter an, der Großstadtgöre nicht alles nachzumachen.

Du bist wohl verrückt geworden?

Die Zeltenacht in Niehagen. Ich durfte auch mal Wache halten. Als es dämmerte, fing eine Lerche an zu singen und der Morgenwind roch nach Lupinen.

Mal wurden wir mit unserem Zeltbahnsegel weit rausgetrieben.

Der Maikäfer-Ehrenfriedhof.

Nicht nur, daß unser Direx auch Komponierte, er liebte es auch, den Spätkommern aufzulauern. Darum

schwänzten wir dann lieber gleich die erste Stunde, oder den ganzen Tag. Oder zwei. Dann trieben wir uns im Stadtpark rum. Dabei hatte ich mal eine unverhoffte Begegnung mit dem Direx.

Mit meinem Klassenlehrer hatte ich mal ein schweres Zerwürfnis. Ich grüßte ihn nicht mehr und flog.

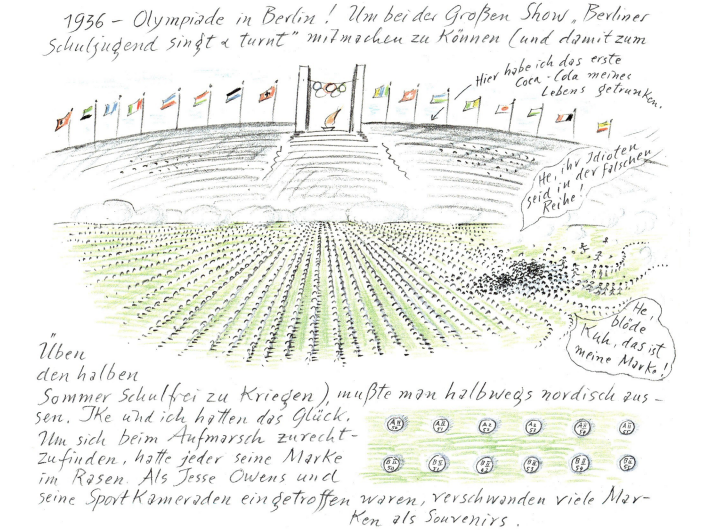

Dann kam ich in die Freiherr vom Stein-Schule, an der meine Tante Lehrerin war ("Dich nimmt ja sonst keine andere Schule!") Sie war besonders streng zu mir, ich besonders frech zu ihr, ein unerfreulicher Zustand. Sie machte mit mir eine Fahrt zur Versöhnung. Da stand sie und hielt Ausschau, ob ich nicht endlich komme.

Wir guckten das Kloster Chorin an,

× VdA: Verein für Deutsches Volkstum im Ausland

studierten zusammen das Meßtischblatt, das sie zünftig in einer Kartentasche bei sich trug und dann lehrte sie mich, wie man ein Sumpfgebiet durchquert. (Sie war früher bei den Wandervögeln gewesen.). Die liebe Tante Käte. Bevor sie beim Backen eines Kuchens für den VdA* starb, entwendete ich ihr noch den Schlüssel zum Konferenzzimmer, indem ich sie ablenkte und scheinheilig um Fontanes „Wanderungen durch die Mark" bat.

Dieser Schlüssel verschaffte uns nicht nur Einsicht in Prüfungsaufgaben und Zeugnisnoten, er passte auch zur Haupt- und zur Speichertür. Von dort begab sich die Clique auf den „Turm", - natürlich nach der Schule, am liebsten im Dunkeln. Meine Freundin hieß nun nicht mehr Ulli, sondern Ulla. Auf dem Turm weihten wir unsere Bomben," "Kleine Patronen, die wir in Leder eingenäht, am Handgelenk trugen. Ulla ging schon mit Jungens, weshalb sie meiner Mutter ein Dorn im Auge war. Ich beneidete Ulla sehr darum, daß sie eine Stief-

mutter hatte: Weil ich meine Mutter nicht so richtig hassen konnte,

scheiterten an mir immer alle gemeinsamen Fluchtpläne. - Als mein Vater von unseren Turmausflügen Wind bekam, nahm er mir das Versprechen ab, nicht mehr hochzugehen. Leider brach ich es oft.

Mehr und mehr wurde ich jetzt unter Druck gesetzt, in den BDM einzutreten. Schließlich half alles Ausweichen nichts mehr, und ich hatte mich zur Aufnahme im Schulhof einzufinden.
Alle Neuen mußten raustreten zur Führerin:

Name, Handschlag, Heil Hitler! – Name, Handschlag, Heil Hitler....
Aus Versehen machte ich („Sei immer hübsch höflich + manierlich") – einen Knicks. Das Hohngelächter im Ohr, ließ ich mich nie wieder blicken und somit war meine BDM-Laufbahn beendet.

Trotzdem war ich sehr vaterländisch gesinnt; nur hatte ich 100 mal lieber an der Schlacht bei Leuthen teilgenommen als an einem blöden BDM-Heimabend.

Ich hatte es mir lange gewünscht und endlich wurde es was: Im Frühjahr '39 kam ich auf ein Landschulheim, den Birklehof. Vor dem Essen wurde immer was gesungen; - als Willkommen für uns Neue sang die ganze Schule gleich mein Lieblingslied! Verwirrend war aber, daß die Lehrer während der Klassen-arbeiten rausgingen: Man war ehrlich. Anfangs ich auch. Das Ergebnis waren katastrophale Noten. Ich fand, damit war niemand gedient.

Wir hatten Schulgesetze, die durfte ich in Gotisch schreiben. Eines verlangte absolute Ehrlichkeit, ein anderes lautete: „Stehe mutig zu deiner Überzeugung." Bis jetzt habe ich immer versucht, wenigstens dem Letzteren zu folgen.

Auf den Ästen dieser Fichte hatte ich mein Geheimlager, dort las ich: "Vom Winde verweht." Toll war, daß es auf der Schule fast nur Jungens gab, – ein reiches Betätigungsfeld für uns paar Mädchen. Jedoch:

„Ein Birklehofer poussiert nicht."

Also nicht. Wir gaben uns wirklich große Mühe, danach zu handeln und führten in der „Bande" unser Eigenleben.

1.11.39: „Die Bande hat jetzt ihren Zweck klar heraus: Sie ist dazu da, um ein Beispiel zu geben, wie man die Idioten der Gesetze auf andere Weise brechen kann, ohne daß man die Gesetze selbst bricht."

Weiter im Tagebuch: „In der Penne ist es zum Kotzen. Mathe unmöglich. Wenn die Bande nicht wäre, wär's voll Kommen aus mit mir." Später wurde sie vom Direktor ↑ verboten.

In den Sommerferien war ich bei mei- ner

Birklehofer Freundin Monika eingeladen, in Pommern!

Auf einem unserer Ritte begegneten wir Lastautos, vollgeladen mit Männern, die guckten wie Vieh zwischen den Latten durch.

Sie hatten ihren Stellungsbefehl bekommen. — Seit ungefähr 2 Jahren schrieb ich Tagebuch: „Heute ist mit Russland ein Nichtangriffspakt geschlossen worden." „Freitag, 1. Sept. 39: Krieg. Ich muß sofort nach Berlin... Die Regierung besteht aus Betrügern, im Radio wird gelogen, — wir sind das Volk, das zu

„Das war doch 1914 ganz was anderes! Wenn ich daran denke: Diese Begeisterung!"

gehorchen hat!"
4.9.39: „Hier ist dauernd Probealarm, da hocke ich mit lauter gähnenden Weibern im Keller. Wenn auch 50× im Radio Märsche gespielt werden und angesagt wird, daß Warschau gefallen ist, — es ist trotzdem kein Mensch begeistert."

Alle Schulen machten dicht und ich wurde wieder nach Pommern geschickt, - nicht etwa zu Monika, nein: Zur Kartoffelernte auf ein riesiges Gut, wo Ike ihr Pflichtjahr abdiente. Weil meine

Der Graf schaut nach dem Rechten.

Mutter mich aus der „Gefahr" haben wollte. Hatte ich eine Wut! Morgens waren die Ackerfurchen schon von einer Eisschicht überzogen, da waren die Finger halb erfroren. Für die Kiepe gab es 7 Pfennige.   20.9.39 „Seit gestern hab ich 54 Pf. - Abends essen wir immer fein an der Tafel, der Graf frisst wie'n Schwein. Russland scheint sich die andere Hälfte von Polen holen zu wollen und ist überhaupt auf einmal unser bester Freund. Ulla hat ihre Bombe verloren, ich hab meine zersägt und ihr die eine Hälfte geschickt."

Außenpolitisch ist der Führer aber fabelhaft!

Raus aus die Kartoffeln - rin in die Kartoffeln, - nur diesmal bei Kleinbauern in Schwaben. Der Birklehof hatte wieder aufgemacht, zuerst nur mit Erntehilfe. ↑ Ich fand Sigi toll. Wenn der sowas sagt, muß es stimmen. Aber am 10.10.39 steht im Tagebuch: „Immer wenn ich grade aufnahmebereit bin und umschwenken will, komme ich nach Hause und alles ist futsch!"

Sigi würde bald darauf eingezogen. – Als allererster fiel der

Lieblingsschüler des Direktors. Sein Helm wurde im Eßsaal aufgebahrt und eine Gedenkfeier anberaumt. Ich fiel in Ungnade und verharrte dort bis zum Ende meiner Schulzeit. – Einer nach dem anderen wurde eingezogen (und von mir sehr beneidet.) – Einer nach dem anderen fiel. Anfangs zogen

wir jedes Mal auf den Sonnwendhügel und sangen für jeden zum Abschied ein Heldenlied. Aber später wurde gewartet,

bis sich ein paar angesammelt hatten. Auch Sigi fiel. Wir ließen uns einreden – singen und -feiern, daß es eine „Gnade des Fallendürfens" gäbe.

Es gab aber keinen HJ-Dienst, nur bei Sportwettkämpfen wurden zwecks Antretens Uniformen verteilt und hinterher wieder eingesammelt.

"Wohlauf, Kameraden aufs Pferd, aufs Pferd, ins Feld, in die Freiheit gezogen!"

Nachts hörten wir das Getrappel durchziehender Truppen und rissen auch manchmal aus, um ein Stück mitzureiten. Dann kamen die ersten Verwundeten-Transporte zurück vom Frankreichfeldzug. Wir hielten sie an und reichten

ihnen heißen Tee rein. Das war der Beitrag der Mädchen zum Sieg. Wir schwatzten den Soldaten Patronen ab und hatten einen lebhaften Tauschhandel, auch Bombensplitter waren gefragt.

"Ach, Mann, laß man, ich kann das schon!"

Mein Vater war zu Hause über scharfe PAK-Munition nicht sehr entzückt und verschloß sie in seinem Schrank. ↑ 2 Jahre später.

29.5.40: „Gestern hat der Belgische König mit 51 000 Mann kapituliert, die sollen sich toll gewehrt haben." Als Ersatz für's Nicht-dabeisein-Können zeichnete ich die deutschen Siege genau auf.

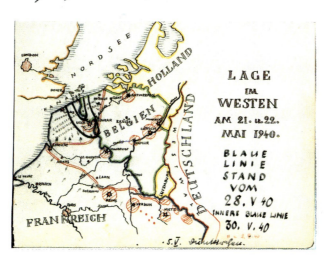

2.8.40: „Ich wünschte, ich könnte mich für irgendwas begeistern, mich für was einsetzen. Hab ich 'ne Wut, daß ich Mädchen bin: Wir dürfen für die Krone der Schöpfung alles in Ordnung halten, kochen und mit inniger Liebe die nötige Entspannung schaffen – wir sind nur Mittel zum Zweck. Scheiße nochmal!

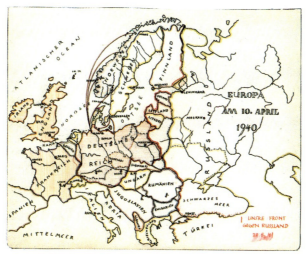

Und ich weiß schon jetzt so genau, daß ich mich eines Tages verlieben werde, und nach 2 Jahren gehen mir die Augen auf, und dann ist es zu spät!"

Onkel Gerhard war mein Lieblingsonkel; ich war damals so, wie vor 3 Jahren, als er 93 jährig starb, bestrebt, seine Gunst zu erwerben. Drum stand ich ihm auch gerne Modell, von der einen Seite vereist, von der anderen gegrillt. Während er arbeitete, pfiff er leise ein Lied oder eine Vogelmelodie vor sich hin. „Hörst du, was der Fink pfeift?": „Weinest du dessentwegen weil du mußt die Treppe fegen? Oder er sprach mir was von Hölderlin vor. Nicht: „Du kömmst, oh Schlacht! Schon wogen die Jünglinge...." Die Plastik von mir hat er „die Berlinerin" genannt. Ich stehe im Hof des museum of modern art in New York und friere immer noch, jedenfalls im Winter.

„Mit gelben Birnen hänget und voll mit wilden Rosen das Land in den See..."

Je nach Außendienststelle machte die Arbeit Spaß oder nicht.

Gesungen wurde morgens, mittags,

"So, Marie, itzet verzähl'se mir ebbes über Albert Leo Schlageter!"

abends, - immer. Volkslieder, Lieder von Hans Baumann und jede Menge Kriegslieder. Und wir wurden unablässig geschult. Wir erfuhren alles Gute über Führer, Volk & Vaterland u.s.w. und alles schlechte über die Systemzeit, Juden, Kommunisten, Demokraten, Meckerer + Kritikaster ect.p.p.

Zur Strafe für widersetzliches Verhalten

Reichsarbeitsdienst für die weibl. Jugend Lager Nr.123

hatte ich dann lange Innendienst. Aber auch hier konnte ich bald brauchen, was ich gelernt hatte und hatte so wochenlang

"Da! Aufputzen!"

"Ich glaube die halten mich für 'ne Ostarbeiterin"

den idealen Drückeposten. Dann kam ich wieder in den Außendienst.

22.6.41 „Krieg mit Rußland. Es ist wahnsinnig. Und ich sitze hier im entlegensten Nest und muß Klo-Putzen. Warum bin ich überhaupt geboren?

29.6.41 „1811 feindl. Flugzeuge vernichtet, nur 35 eigene! Über 1000 Panzer! Was ist es für ein unverdientes Glück, Deutscher zu sein, und was für ne irrsinnige Gemeinheit, Mädchen zu sein!"

Unsere Ostmärkerin. Sie hatte ein Bild von Hitler im Spind, wie er in Wien einmarschiert.

29.6.41 Ich wundere mich manchmal, wie ich meine Meinung geändert habe: Was hatte ich noch für ne Wut, als der Krieg ausbrach! Gerade wurde das Deutschlandlied im Radio gespielt: Deutschland Deutschland über alles!"

Allen Siegen zum Trotz hatten Hills und ich keine Lust mehr u. begaben uns ins Revier, das Thermometer steckten wir in den heißen Tee, oder rieben es hoch. Die Ärztin kam: Ab ins Krankenhaus!

Zum Glück wurden wir aber nach 2 Tagen wieder entlassen.

16.7.41 „Manchmal wankt in mir alles, was ich mir mühsam erobert habe, mein ganzer Patriotismus. Morgen wäre die Sache aus, so könn= ten wir unterdrücken, jeder würde gezwungen: Onkel Gurkowitz. L. ist „entartet" weil er keine Plastiken von nordischen Kriegern macht. Aber ich will die Welt nun mal ohne Zeugzeil gesehen und Propagan= da und waffen genagelt.

30.6.41

„Ach ja, ich lauf ja mit und laß mich überzeugen. Nur manch-mal hat man so seine Zweifel – oder Lichtblicke – wie man's nimmt."

Dem Kriegshilfsdienst entrann ich deswegen doch nicht. Immerhin hatte ich Glück: Ich kam nicht in die Munitionsfabrik und nicht in eine kinderreiche Familie, sondern als technische Zeichnerin in eine Flugzeugmotoren-Fabrik.

Schmidt war ein berüchtigter Obernazi und man sollte vor ihm auf der Hut sein. Wir konnten uns vom 1. Augenblick an nicht riechen. Ein kleines Stück Kupferblech, das ich in der Werkshalle geschnorrt hatte, reichte.

Kaum war ich drin, drehte Schmidt den Schlüssel rum und zog ihn ab.

Das rettete mich. Die Kollegen trommelten von draußen an die Tür, bis er wieder aufmachte, – ich schoß an ihm vorbei und er hat dann nichts mehr gegen mich unternommen.

Meinem Gekreisch (das ein instinktiver Notschrei war, um zu entkommen), war eine ekelhafte Auseinandersetzung vorausgegangen, - ich nach der Birklehofer Devise: Stehe mutig zu deiner Überzeugung - dem das ganze Büro gelauscht hatte. Alle trösteten sie mich und ich glaube, daß es ihre Solidarität war, die diesen Paul Schmidt in seine Schranken verwies. Viele landeten damals wegen ähnlicher kleiner Vergehen im KZ. Ich habe mehrmals solches Glück gehabt: Schließlich hätten mich ja auch die Lagesführerinnen anzeigen können, als ich die Vereidigung verweigerte. Sie waren überzeugte Nazissen, taten es aber nicht. Daß ich, nebenbei, durch meine Unvorsichtigkeiten meine Eltern gefährdete, daran habe ich nicht gedacht. Schmidt und ich gingen uns fortan aus dem Wege; nach der Kapitulation soll er von den Ostarbeitern des Werks umgebracht worden sein.

Natürlich war ich auch ständig in irgend einen der Ingenieure verliebt, aber so richtig in keinen. Zum Abschied machten wir zu viert eine Wanderung durch die Alb.

Zurück nach Berlin. Die leidige Berufsfrage tauchte wieder auf.

Die Aufnahme-Prüfung schmiß ich, weil ich alles nicht konnte und fing dann mit Architektur an auf der T.H. – Das Beste an den 2 Semestern waren die Studienurlauber von der Front.

Klar, daß sie ihr geschenktes halbes Jahr Leben doppelt genossen, und wir Mädchen mit ihnen. Da war Werner, er hatte ein Boot auf der Havel,

und Horst, er war, wie alle unsere Freunde, kein Nazi. Aber er war überzeugter Offizier. Wir wanderten, Rilke in der Tasche, in den Alleen unruhig hin und her, wenn die Blätter trieben.

Oben im Gestühl des Brandenburger Doms machten wir unser erstes Brainstorming, wie wir Hitler stürzen könnten, aber während andere etwas taten, blieb es bei uns beim Nächtedurchreden. Die meisten

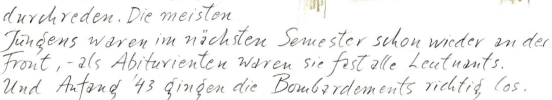

Jungens waren im nächsten Semester schon wieder an der Front, – als Abiturienten waren sie fast alle Leutnants. Und Anfang '43 gingen die Bombardements richtig los.

Ich muß gestehen, daß ich es unheimlich gut (damals: irrsinnig prima) fand, wenn es in der Nachbarschaft brannte, und der Angriff am 1. März war der tollste.

Weil wir uns gerade bei mir getroffen hatten, waren nun ein paar junge Männer im Luftschutzkeller, zum Löschen – ein unverhofftes Glück.

Es waren noch andere in unserer Clique: Dieter, Leutnant, er hatte nur noch ein Bein. Fridolin, – ich nannte ihn so, weil er aussah, wie meine Käthe-Kruse-Puppe Fridolin. Später stellte sich heraus, daß Käthe Kruse seine Mutter war. Er ist in Rußland gefallen. Hans auch. Durch die Fronturlauber erfuhr ich zum ersten Mal, was außer Vormarsch und Sieg sonst noch geschah. „Faustus" kriegte, wenn er in Uniform war, gelegentlich ein Glas Wein in der Kneipe; er erzählte leise, wie sie in Litauen stehende Güterzüge gefunden hatten, vollgepfercht mit Toten. Es waren Juden, die vergast worden waren, ich hörte das Wort zum

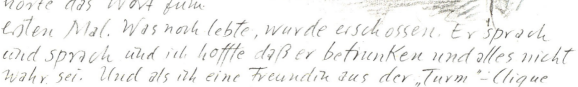

ersten Mal. Was noch lebte, wurde erschossen. Er sprach und sprach und ich hoffte daß er betrunken und alles nicht wahr sei. Und als ich eine Freundin aus der „Turm"-Clique

Deutschland, Deutschland etc. / Die Fahne hoch....

besuchte, fand ich sie weinend: „Gestern haben sie meine Großmutter nach Theresienstadt abgeholt."
Hitler's Rede, in der er den Verlust der 6. Armee in Stalingrad verkündete, überfiel Horst und mich aus einem Kneipen-Volksempfänger, das anschließende Absingen der Nationalhymnen war uns dann vollkommen unerträglich.

Wenn jetzt der Drahtfunk das „Einfliegen feindlicher Bomberverbände" meldete, freute ich mich nicht mehr. War man unterwegs, versuchte man noch nach Hause zu kommen, erst wenn das Dröhnen der Motoren ganz laut war, rannte man in den nächsten Keller; bei klarem Wetter konnte man sehen, wie die kleinen silbernen Bombenketten runterfielen.
Zu kaufen gab es außer rationierten Waren so gut wie nichts mehr.
Doch, Andenken (woran bloß?)
z.B. bemalte Kacheln mit altem Kulturgut drauf:
Dürer natürlich, Sprüche von Fontane (Wer schaffen will, muß fröhlich sein) und von Luther der Spruch mit dem Apfelbäumchen.

← Die Polen nämlich, und Franzosen + Russen etc. Hier male ich mit meiner Mutter KEINE Kacheln, wir fälschen vielmehr Lebensmittelkarten.

Stellungnahme offenbar nicht gemeint.

April 43: "Die Stimmung zu Hause wird immer mieser, oft redet keiner 'n Ton."

Damals hielt ich das für normale Saulaune. Schließlich war das Zimmer meines Vaters ausgebrannt mit allem, woran er hing, – das halbe Atelier. Heute frage ich mich: Was mag in meinen Eltern vorgegangen sein, was wußten sie, was verschwiegen sie vor uns? Zu ihrer Sorge war Ike in besetzten Frankreich im Kriegshilfseinsatz, – mir ging ihre ewige Sorge auf den Wecker. Bloß weg von zu Hause! Ich habe erst lange nach dem Krieg erfahren, daß in den beiden Semestern, in denen ich in Berlin studierte, 90 000 Berliner Juden deportiert wurden, sie wurden auf dem Rangierbahnhof Grunewald verfrachtet, nicht weit von uns, im nächsten Stadtteil. Wußten es die Eltern? Und warum habe ich nicht nachgefragt, als Nanna das Wort „Theresienstadt" sagte. Wir hielten nur betreten und beschämt den Mund.

Von Mai '43 an studierte ich in Stuttgart, – die TH war „in", dort lehrten Schmitthenner und Bonatz. Ich verliebte mich sofort neu. Gustl und ich klauten nächtens direkt vor dem Fenster der Wirtin ihre schwarzen, großen Kirschen, sie merkte nichts. Aber morgens um 6 klapperte sie unter meinem Fenster rum. Ihr armer Sohn blieb wirklich auf Hoher See.

Auch in Stuttgart wieder: KHD, diesmal als Schaffnerin. Ich ließ die  meisten Fahrgäste Schwarzfahren, sie lohnten's mir mit Äpfeln, Brotmarken und Trinkgeld. Aber der Dienst war nicht wichtig, auch das Studium nicht. Wichtig war, daß ich total verliebt war, und zwar gleich in Zwei!

Blühende, duftende Linden →

der eine →   Der andere
Pavillon

Der aus Berlin war gekommen und der aus Stuttgart blieb. Was die Dreisamkeit betraf, so war diese erste Nacht die schönste, wunderbarste, glücklichste. Dann begann die Große Liebe, doppelt. Das Trennen, das Wiederanfangen, verzichten auf den einen, den anderen, – erst der eine, dann der andere auf mich. Glücklichsein und total verzweifelt. Das ging so fast 2 Jahre.

| stud.arch. Marcks, Marie hat das Fach Baukonstruktion **nicht bestanden** | stud.arch. Marcks, Marie hat das Fach Darstellende Geometrie **nicht bestanden** | stud.arch. Marcks, Marie hat das Fach Materiallehre **nicht bestanden** | stud.arch. Marcks, Marie hat das Fach Statik **nicht bestanden** |

Das Vordiplom war deprimierend. Wie das den Eltern beibringen?

22. Juni '43: „Wir flickten einen halben Nachmittag mein Rad mit dem Erfolg, daß es dann ganz kaputt war. Er nahm mich kurz entschlossen auf die Lenkstange und wir fuhren über die schöne Allee auf die Reichenau zur Bauaufnahme. Daß es sowas schönes gibt! Weiße Wolkentürme, dazwischen glasklarer blauer Himmel, Regenschauer und wieder strahlende schräge Sonne, daß alles nur so glänzte und leuchtete. Hinter uns auf schwarzer Wolkenwand ein Regenbogen, der

sich von der Schweiz nach Konstanz spannte. Saftgrüne Schwertlilienwiesen, rauschende hohe Pappeln, ein Streifen Glitzersee. Ich hätte schreien können vor Glück. Kurz umgedreht, ein Kuß."

unten der Rückweg.

Ich wechselte die Bude, bzw. sie mich. Meine neue Wirtin ließ auch keinen Besuch zu, Männer schon gar nicht. Selbst meine Mutter schmiß sie raus, wegen der doppelten Abnutzung des Zimmers.

Meine Mutter. Sie spürte immer, wenn ich in Not war und kam. Sagen konnte ich ihr nichts. Später sagte sie mal: „Ich möchte das Brautpaar sehen, das nicht vorher ein bißchen probiert." Das hätte sie mir mal damals sagen sollen, es hätte mir wenigstens einen Teil meiner Qual gelindert. Ich hatte mich mit einem von beiden verlobt, dabei liebte ich den anderen ebenso heftig. Ich war total zerrissen.

Mit der Wirtin im Keller während eines Angriffs auf Stuttgart.

Meine beiden geliebten Männer (die sich inzwischen natürlich nicht mehr so toll verstanden) waren wieder beim Heer und ich war alleine. Ike hatte Urlaub und besuchte mich und redete mir ins Gewissen. Trotzdem, wie gut ist es, eine so tolle Schwester zu haben!

Dieses ewige Abschiednehmen im Krieg.

Ein trostloses Wintersemester folgte. Verlobt war ich ja nun, aber heiraten? Das ja nun doch nicht! - Ich zog wieder um, zu einer netten Frau, deren Schwester allerdings meinem „Guten Morgen/Tag/Abend" stets ein betontes „Heil Hitler!" entgegensetzte. Die neue Wirtin

ließ ihre 6 Kinder ganzjährig in einem offenen Schuppen draußen schlafen. Das sei gesund. Sie behauptete auch, es gäbe eine Lust des Gebärens. Als sie merkte, daß ich schwanger war, bat sie mich jedoch, mir was anderes zu suchen, weil sie „das" ihren gesunden Kindern nicht zumuten könne. Sie war trotzdem eine nette Frau, - damals war das eben so. Bevor ich auszog, verliebte ich mich schnell noch in einen Studenten, der bei ihr wohnte; aber nur ein bißchen, aus Anlehnungsbedürfnis. Er war so gut zu mir. Irgendwie mußte ich das ja nun meinen Eltern beibiegen. Nach wochenlangem Rausschieben fuhr ich nach Hause zur Beichte. O Gott. - Der hatte aber ein Erbarmen: Die Eltern waren nicht da. Sie waren am Tag vor einem schweren Angriff evakuiert worden, meine Beichte entfiel. 20. Feb. 44." Der Zug fuhr nur bis Wannsee, von dort arbeitete ich mich zur Landhausstraße vor: links und rechts Trümmer, Soldaten gruben nach Verschütteten, rauchende, hohlgebrannte Häuser.

Je näher zu uns, desto wüster. Als ich zu Hause angelangt war, genügte ein Blick nach oben: Auch nicht besser, als ringsum."

Immerhin, wenn auch zum Gartenhaus hin alle Zimmer ausgebrannt waren und nach vorne raus eine Luftmine alles rausgeblasen hatte, – das Haus stand noch und die Küche war direkt bewohnbar. Also Pappe und Nägel organisiert, die leeren Fenster zugenagelt und mich eingenistet. Ein Gefühl, wie als Kind in der Kartoffelackerfurche: Niemand weiß, wo ich bin! Nur war ich damals fröhlich, aber jetzt?: 28.2.44: „Essen hole ich mir aus der Gemeinschaftsküche bei Epa, hab mir ne Totalausgebombten-Bescheinigung besorgt. Unser liebes altes Berlin, einem kann das Heulen kommen, wenn man das sieht. Und so hohl und ausgebrannt ist auch mein Leben: Aus, vorbei, verspielt, Marcksen. Immer wenn ein Angriff vorüber ist, fällt mir ein, daß ich mir ja eine Bombe auf den Kopf gewünscht habe. Die Stimmung hier in Berlin ist wüst." Nach 8 Tagen gab ich auf und fuhr zurück nach Stuttgart. Ich beichtete brieflich. Statt zum lieben Gott hatte ich zuletzt immer zu meiner Mutter gebetet, die davon natürlich nichts wußte und erstmal gar nicht gütig reagierte. Aber sie kam und nahm die Sache in die Hand. Sofort heiraten. Erstmal die Ämter: Polizeiliches Führungszeugnis, Gesundheits- und Arischer Nachweis, dann auf Bezugschein was anständiges für's Standesamt kaufen, Schuhe (in deinen Schlorren kannst du doch nicht...), Umstandskleid. Und dann das Aufgebot. Als wir alles beisammenhatten, fragte sie: „Wolln wa ausrücken?" Und so wurde eben nicht geheiratet. Aber jetzt ging's los: Wohin mit mir?: „Tante H. hat schon vorsichtig bei einer Jugendfreundin angefragt, die wohnt irgendwo in der Uckermark, und ganz eventuell geht's bei Louise P., – die war ja mal Frauenrechtlerin, jetzt eine alte Dame, lebt zurückgezogen in der Lausitz, – du mußt natürlich immer sehr höflich sein und darfst in keiner Weise irgendwie zur Last fallen..." etc. pp. — Nee. Das nicht. Aber es war ein gutes Mittel, daß ich wieder auf die Beine kam. Ich hatte schließlich selber Freunde.

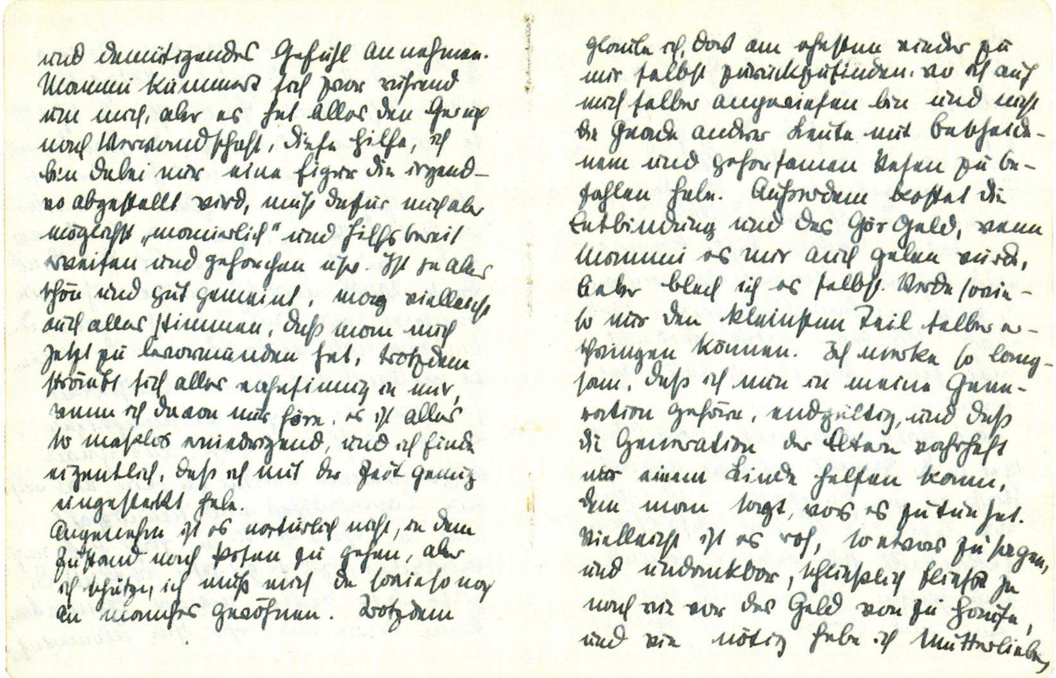

Und so raffte ich mich auf und verdingte mich – weit weg – beim

Reichskommissar für die Festigung Deutschen Volkstums im Osten

Als ich in Posen am Bahnhof ankam, wollten Polenjungens gegen Brotmarken mein Gepäck tragen. Meine Freundin Helga, die bei der Denkmalpflege arbeitete, holte mich ab. Ob ich wohl wahnsinnig geworden sei, mich mit der Gestapo anzulegen?

Posen

14.6.44:
"Das Dachzimmer muß ich mit einer Frl. Doktor teilen, einer Obersau. Wenn es zufällig mal 'ne Butterzuteilung gegeben hat, steckt ihr Kamm garantiert drin, bzw. schwimmt, bei der Affenhitze. Ihren Nachttopp

Der Wandschmuck über ihrem Bett

kippt sie einfach aufs Dach, schaurig. Wanzen haben wir auch. Aber ich sag mir: 6 Wochen, und dann ist der Fall erledigt. Ich verdiene stündlich 1,50 und das ist das Entscheidende. Mein Leben ist nun vollkommen anders und ich muß sehen, einen neuen Sinn reinzubringen. Verdammt nochmal, davon, daß ich mir die Schande vorhalte, werd ich auch nicht reiner."

In der Dienststelle ist es doof. Wir entwerfen "Erbbauernhöfe für's Baltikum, für die spätere deutsche Besiedlung. Ein Witz: überall geht die Front zurück. Helga und ich sind fast jeden Abend zusammen, sie ist toll, und es ist toll, daß ich nicht alleine bin."

Das Kirschenklauen wird umständlicher

16.6.44. „Seit dem 6. Juni ist die Invasion in der Normandie im Gange. Was für ein Geheule wir gemacht haben: Die sollen bloß kommen... u.s.w., — jetzt sind sie da." 17.6. „Die vielgepriesene Vergeltung hat angefangen: Angeblich irgend'ne Art ferngelenkter Flugzeuge, jedenfalls sind London und Südengland mit neuen Kampfmitteln schwersten Kalibers „belegt worden."

„Die Polen sind rasend unfreundlich, ist ja eigentlich klar: Die müssen in der Straßenbahn den immer total überfüllten 2. Anhänger nehmen und sich ewig hinten anstellen. Neulich hab ich mal ne olle Polin vorgelassen und wurde sofort vom Ladenbesitzer angeschissen wegen „Begünstigung des Feindes" oder sowas."

22. Juli: „Hitler ist natürlich wieder davongekommen. Jetzt geht eine furchtbare Hatz nach den Attentätern los, es sollen schon welche hingerichtet worden sein. Das Heer grüßt jetzt mit dem Hitlergruß. Die Invasion geht trotz VI weiter, die Luftangriffe auch, und in Italien sind sie schon in Florenz. Der Sieg ist unser! Führer befiehl, wir folgen! Bind uns ein Tuch vor die Augen, zieh uns'n Ring durch die Nase, wir tanzen!"

„Vor 14 Tagen war Mammi da, hab mich wüst gefreut. War nur viel zu kurz. Sie ist immer im richtigen Augenblick da — ob ich es wohl auch mal dazubringe? Wir fanden einen kleinen stillen Platz, unter uns die Stadt über uns blühende Linden. Voriges Jahr in Stuttgart!"

Ich hatte mich in einem NSV-Heim in der Nähe von Posen angemeldet. „Noch vor ganz kurzer Zeit wäre ich lieber gestorben, als in son Ding zu gehen. Aber es ist billig, und das ist das Entscheidende. Das

Heim ist in einem schönen Schloß mit einem alten Park untergebracht." Ich ging erst so spät wie möglich hin. Auch hier: Schulungen (in denen uns u.a. erzählt wurde, daß jüdische Frauenärzte sich immer erstmal an den Frauen vergehen und bei der Geburtshilfe mit Vorliebe die Kinderchen umbringen). — Singen und bunte Abende. Hier hatte das Heim das nahe Arbeitsdienstlager zum »Volkstanz unserer werdenden Muttis« geladen. Klar, daß ich mich drückte. Da ich im Ganzen nur 14 Tage dort war, blieb mir manches erspart.

Die schöne Augustwoche, bis mein Kind kam, tauchte ich in meinem Sonnenblumenfeld unter. Mein Kühnster, mein Schönster, der aus Berlin, hatte mir seinen Hyperion geschickt!

Auf einmal war das Glück wieder da! Am 12. August bekam ich ein feines Töchterchen, meine Mutter kam und nähte aus weichgewaschenen Servietten Windeln. So sah ich sie im Park fädeln.

Für ein paar Wochen fand ich Unterschlupf mit meinem Kind in Bornim bei Freunden. Alle meine Freunde haben zu mir gehalten! Und eines Tages kam mein Goldmund. – Sicher haben alle, die sich lieben, ihr Lied, ihr Gedicht. Unseres war von Rilke.

„Wie ich dich liebe? Laß mich zählen, wie:
Ich liebe dich so tief, so hoch, so weit,
als meine Seele blindlings reicht, wenn sie
ihr Dasein abfühlt und die Ewigkeit...."

Nach 3 Tagen mußte er wieder weg, an die Ostfront. Er kam nochmal durch Potsdam, wir wollten uns noch sehen in der Bahnhofskneipe. – Wir haben uns verpasst.
Dann kam nochmal ein Zettelchen, rausgemogelt aus Ostpreußen, er war auf der Halbinsel Hela. Als ich den Zettel bekam, war Hela abgeschnitten.
Mein Vater, der sich ein halbes Jahr von seiner gefallenen Tochter abgewandt hatte, kam, sah sein Enkelkind und nahm mich wieder auf.

Das Heer hatte zur Wut der Bevölkerung überall im Land noch gefüllte Lebensmittellager. Die Bauern waren natürlich fein raus mit ihren Gespannen und Kamen beladen mit Säcken und Büchsen zurück. Ich gehorchte meinem Vater, dabei war ich doch schon 22.
Mein Hornviehhäuser Dasein währte bis Anfang Juni '45, - das meiner Eltern noch 5 Jahre. Ihre Existenz war vernichtet. Alle Versuche meiner Mutter, ihre Kunstschule wieder aufzumachen,

schlugen fehl, - und wo auch? Die Wohnung und das Atelier waren zerstört mit allem, was noch drin war. Immer wieder unternahm sie die mühselige Reise nach Berlin, um dort wieder Fuß zufassen: Um 3ʰ los, 1 Stunde laufen bis zum Bahnhof Oscherleben: Einmal kam ein abgeschossener deutscher Nachtjäger runter.

4. April: „Seit 2 Monaten Tag- + Nachtangriffe auf Berlin. Ganz Deutschland ist praktisch zu jeder Minute überflogen: Glitzernde, dröhnende, unendliche Verbände. Der Kampf in Ostpreußen ist zu Ende, die Schiffe mit Flüchtlingen und Verwundeten versenkt. Daß es möglich ist, daß eine Handvoll Verbrecher dieses unbeschreibliche Leid über die Menschen bringen kann! Diese verfluchten Parteischweine samt Hitler, es gibt keine Marter, die wüst genug ist, die ich diesem Lausepack gönne! Müssen denn 100 Millionen für die Verbrechen einiger Bluthunde büßen? Und als letztes, um den Wahnsinn perfekt zu machen, dieser Werwolf! Armes, liebes Deutschland. Und wollte ich nicht immer nur raus? Ich könnte nur dauernd heulen um die sinnlos Geopferten und die Kinder. Mir ist, als könnte ich nie wieder froh werden. Und was ist denn noch mit meinem Leben? Die Freunde gefallen, nichts gelernt, Deutschland kaputt. Dieses Warten, das es endlich vorbei ist! Mit jedem Tag länger fließt Blut, Blut, Blut. 20.4. Jetzt wird um Berlin gekämpft. Die Russen sollen in den eroberten Stadtteilen unter den Frauen hausen wie die Tiere."

25.4. „Die Amerikaner sind da. Erster Eindruck: Uniform, Bewegungen, Benehmen: sportlich. Die Hosen spannen sich über ihren prallen Ärschen. Unsere Weiber sind würdelos, bücken sich nach der Schokolade, die sie aus ihren Panzern schmeißen, mit denen sie über die blühenden Apfelalleen donnern. Hier ist es unerträglich. Ich will leben, lernen, Geld verdienen oder sonstwas, aber nicht hier bleiben, ich könnte die Wände einrennen, diese ewige stinkende Hausarbeit, alle sind gereizt. Ich bin doch jung und muß hier mein Leben vertrauern unter den Alten in diesem Nest. Dabei wird meine Süße jeden Tag hinreißender! Sie ist das einzig Klare in all der Unsicherheit. Von der Müllersfrau krieg ich Grieß, als Spinatersatz koche ich ihr Vogelmiere. Jetzt sind wir auch noch die Kriegsverbrecher, die Bestgehaßten in der ganzen Welt, ich kapiere nichts mehr. – Als letzte Post, die überhaupt durchkam, ein Brief von Werner, so gut, so schön. Ob es der letzte ist? Ich kucke immer, ob er nicht doch im Flüchtlingsstrom auftaucht. Ach Gott, wäre es schön, wenn er eines Tages hier wäre und sagte: Komm mit, raus aus dieser Wirrsal." – „Immer heißt's: Abwarten. Aber ich will nicht warten, bis das Leben vorbei ist."

Direkt hinter der neuen Grenze, nur 15 km von zu Hause entfernt, bezogen wir Quartier. Da aber mein Verantwortungsträger Miene machte, seinen Lohn abzukassieren, verkrümelte ich mich. Auch hier die gleichen baumgesäumten Chausseen wie „drüben" – das Wort war auf einmal da. – Ich nahm die sonnenglänzende nach Südwesten und je weiter Hornhausen hinter mir lag, desto mehr verklang mein Abschiedsschmerz. Der Krieg war aus, das Leben fing an!

Auf einem offenen Güterzug zu fahren, hatte ich mir immer schon gewünscht.

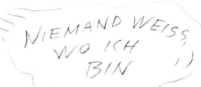

„Wir stürmten in Bebra den Zug, der aber die ganze Nacht stand, dann fuhr er aber doch im Morgengrauen los. Auf den offenen, langen Plattformen Haufen von verschlafenen, frierenden, zerlumpten Menschen mit ihrem Krempel, eng aneinandergekrochen – eine sture, trostlose Fracht. Und dann kam die Sonne, und ich hatte das Gefühl, als einziger Mensch zu merken, daß wir durch ein wunderschönes Land fuhren, und das verlockende Rollen der Räder zu hören."

Ich schlief in dächerlosen Güterhallen, in Geräteschuppen, auf einem Bootssteg und einem Biertisch, im Wald und auf Heu und auf Stroh. Auch mal in einem weißbezogenen Bett bei einer Familie, an der der Krieg vorbeigegangen war. Die ganze Familie begleitete mich am nächsten Morgen an die Straße, um zuzuschauen, wie ich ein Auto anhalte. Ich hatte irgendwie kein rechtes Glück an dem Morgen.

„Auf einem Laster kam ich bis Würzburg. « 18 minutes ! » sagt mir stolz ein Amerikaner, – in 18 Minuten eine Stadt getötet, ich kenne Berlin und bin doch einiges gewöhnt. Aber hier sausen nur Mauersegler durch das, was mal Straßen waren, sonst nichts, tot, leer. Nein, man kann hier nicht mehr leben, Deutschland ist ja nur noch

Schutt und Elend."..... .... Ich graulte mich doch zu sehr, um in den Trümmern zu schlafen. Nur der unter meinen kaputten Schuhen wegrutschende Schutt und das Piepsen der Ratten waren zu hören. Bloß raus!"

Juni '45: „Diese Wagen auf den Landstraßen: Handkarren, Kinderwagen, hochbepackt mit Takel, das einem nicht rettenswert erscheint." „Ich kam nach Schweinfurt: Der gleiche Trümmerhaufen wie Würzburg. Als ich am Bahnhof nach einem Schlafplatz suchte, erbarmten sich zwei Nutten meiner, nahmen mich mit in ihre Bretterbuden und fütterten mich mit army-food. Dann kamen ihre boyfriends, von denen mir einer auf mein wütendes „No!" entwortete: „Wenn du nein sagst – 10 andere sagen ja." Ich stritt mich mit zweien, enorme Englisch-Kenntnisse entwickelnd, die hielten mir unsere KZ's vor, und ich ihnen ihre Luftangriffe.

Ich finde, die Amis sind furchtbar kindlich, sie glauben alles, was in ihren Zeitungen steht, die doch sicher genauso lügen, wie es unsere getan haben. Immer zaubern sie eine aus der Tasche und zeigen drauf: Da steht's!

Nach 3-wöchiger Reise langte ich bei Ike in Heidelberg an:

Ich nistete mich bei ihr in der sog. Schmölderei ein, einer früher sicher mal herrschaftlichen Villa, - jetzt war sie vollgepfercht mit Flüchtlingen und Studenten, die hofften, daß die Uni bald wieder aufmacht.

Im Keller unterhielt eine Fam. Bassermann ein Sandhäufchen, in dem gummiartige, vermutlich abgezählte Mohrrüben verbuddelt waren. Ach, wir haben alle 100× versprochen, uns nie wieder an ihnen zu vergreifen. (Hatte nicht schon meine Mutter in der Inflation....?)

„Ike und ich schaukeln alles zusammen, beliefern die Andenkenläden als Geschwister Marcks,

oder verkümmeln die Bilder vorm Schloß direkt an die Amis, unsere Schriftschüler verarzten wir abwechselnd. Und viele Portraitaufträge:

Die Quallenkinder von den Amis."

21.7.45: „Wenn ich den Preis für ein Bild mache, denk ich immer: sei nicht blöd, ist ja für's Uchen. Auf diese Weise hab ich schon Geld, Klamotten, Seife und Schuhchen, sie lernt ja sicher bald laufen."

Wenn woanders was los war, wurde hingetrampt, nach Hamburg, Bremen, ins Rheinland, wenn irgendwo ein Theaterstück oder eine Ausstellung war: — „Kiek ma den!" Wir hatten ja einen großen Nachholbedarf, sahen zum ersten Mal Sartre, Bert Brecht, Picasso, die Impressionisten, alles war neu für uns. Hier warten wir auf ein Fortbewegungsmittel, während der erste Nachkriegsbeamte nach der Mittagspause in sein Büro eilt. Im Herbst fuhren wir dann nach München, mal sehen, ob wir da nicht irgendwie Fuß fassen können. Außerdem wollte ich dort einen Freund von Werner aufsuchen – vielleicht wußte der was von ihm ...? Kurz vor München gab's wieder mal einen Ernteeinsatz.

„Erst müssen die Säcke voll sein, vorher fahren wir nicht weiter!"

1 Sack gab 1 Liter Öl.

Der Weg zu Werners Freund führte durch den Englischen Garten →

Es war Werner gelungen, mit dem Rest seiner Kameraden der russischen Umzingelung zu entkommen: Auf Fischerbooten. Bei Greifswald waren sie schließlich in amerikanische Gefangenschaft und von dort in das große Gefangenenlager in Schleswig gekommen, von wo er dann ausgerückt war. Er war erst vor ein paar Tagen in München angekommen, – ohne Entlassungspapiere.

Alles war uns klar.

Wir brachten es fertig, uns noch mal zu trennen; nur für Kurz:
Ike und ich wollten rüber zu den Eltern und zu Uchen, auch um
ihnen alles, was wir für sie zusammengerafft hatten, zu bringen.
Der Zug war schon gestürmt, ehe er ganz
eingefahren war, aber wir eroberten

noch ein Plätzchen!, wir banden uns und das Gepäck an.
Uns gegenüber kauerten 2 Jungens, 11 und 12 waren sie und
wollten nach Hamburg, anheuern. Um nicht vor Kälte und
Müdigkeit runterzufallen, sangen sie stundenlang den Glei-

chen Refrain.
Der Schnee fegte
waagerecht an uns vorbei.
Wir gingen so noch oft über
die Grüne Grenze, das letzte
Mal 1950, als unsere Mutter
starb, entgegen an Ent-
wurzelung und Hoffnungs-
losigkeit. Und sie hatte
auch gesagt: „Wenn ihr mir
das Kind wegnehmt, sterbe ich." Sie tat es wenige Wochen später.

„Immer geradeaus, der Waldrand ist die Grenze!"

In Marienborn hatten wir mal hinter der Böschung gehockt – als der Interzonenzug kontrolliert und die russische Wache weg waren, rannten wir neben der anfahrenden Lok her; die Heizer zogen uns hoch und hielten dann auf freier Strecke, um uns in der Nähe von Hornhausen rauszulassen.

„Wenn die Iwans im Wachhäuschen Mittag machen, leise runter, schnell übern Steg, dann sind Sie im Westen!"

„Sein Sie vorsichtig, wenn die 'n Meechen erwischen—!"

Auf diesem Rückweg war ich allein: Über die Braunkohlenhalden direkt an der sowjetisch-britischen Grenze. Die russischen Wachen empfingen mich mit Freuden, als ich ihnen die Halde runter entgegenrutschte. Es war das einzige Mal, daß ich geschnappt wurde, die Russen ließen mich aber laufen. Vielleicht war ich ihnen zu schwarz.

Der erste Nachkriegswinter näherte sich, wir hatten weder eine Bleibe, noch hatte Werner seine Entlassungspapiere, er mußte ständig auf der Hut sein vor amerikanischen Streifen. So verdrückten wir uns auf eine kleine Hütte, die uns Werners Freund, der junge Olaf Gulbransson, borgte. Als 17-jährige hatte ich mal in mein Tagebuch geschrieben:

„Ich wünsch' mir so irrsinnig, daß ich glücklich werde, und daß ich's dann auch merke, wenn ich's bin!" Ich merkte es.

Im Frühjahr heirateten wir, nachdem wir bei den Bauern, die uns ernährt hatten, in Ungnade gefallen waren, wir waren eben doch nur Saupreußen.

Ammersee

Beim alten Thöni vom Simplicissimus

So wollten wir immer leben. Genau so.

Aber im Herbst bezogen wir Quartier in Heidelberg, in dem

feuchten Keller, in dem vormals Bassermanns ihre Mohrüben gelagert hatten.

So wollten wir nicht leben.

Also wieder los: Nach Potsdam, in Werners Elternhaus. Seine Eltern lebten nicht mehr. Wir bekamen sofort Zuzug, hatten Seltenheitswert: wer zog schon von West nach Ost? Es wurden 2½ Jahre, trotz Behausung und Apfel- und Kirschbaum im Gärtchen ziemliche Notjahre. Der schrecklich kalte Winter '47/48! Aber miteinander waren wir glücklich: Werner betrieb einen kleinen Lampenladen, wir holten Uchen zu uns, trieben eine Bootsruine auf und flickten sie. Alle 3 Tage gingen wir „nach China": Wir malten, lasen, redeten den Tomaten- und Spinatpflänzchen gut zu und ließen die Welt draußen,

„Nach Großmutti gehn!"

mussten anfangs oft zusammen heulen,

segelten auf den einsamen Havelseen,

„Lass'n doch mal loofen!"

bekamen Matthias,

„Kohlrüben, Kartoffeln, Kohlrüben Kartoffeln"

hungerten u. froren erbärmlich,

mussten mit Bobko Wodka saufen,

hörten „vor Sonnenuntergang"

„Det wußtick ja, daß sie meckern. Aba valassn se sich druff: Von Ihnen nehmick nie wieder wat..!"

„Lassen se vielleicht 3 übrig?"

Und ließen uns den einzigen Apfelbaum leer klauen.

„Eisenhardstraße 4!"

Die Frau brachte mir die Nachricht von Werners Verhaftung. Er hatte auf dem Bornstedter Feld* gemalt. Ich rannte tagelang von Behörde zu Behörde, schließlich half mir der russische Kulturoffizier. Nach stundenlangen Telefonaten sagte er: „Seien Sie ruhig, Ihr Mann kommt wieder." Er kam wirklich, aber wir hauten ab in den Westen.

*Truppenübungsplatz

Sie sieht ganz fröhlich aus, diese Idylle. Sie war es auch am Anfang und im Sommer; besser als im Zelt, und wir machten zwischendurch die allerschönsten, verzauberten Ausflüge mit den Kindern.

Vom Verkauf unserer Bilder konnten wir nicht mehr leben und wir jobbten abwechselnd, um diesem Zustand zu entkommen, ich bei den Amis,

und Werner wurde Fliegender Postkartenhändler.

Das erste, was ich lernen mußte, war: Richtiges Verhalten bei ausbrechendem Feuer. – Ich muß den General mißverstanden haben: Ich wurde gefeuert.

Januar 1950:

„Es fehlt das Rauschende, das bisher immer um uns war, das immer Wechselnde, das, daß wir fern von allem Materiellen waren. So wenig wir auch wollen, so gleiten wir doch in die Einheitsbahn aller Menschen, dem materiellen Glück nachzulaufen. Es ist auch so schwer, da draußen zu bleiben, es geht beinah nicht. Wir haben ja auch die Kehrseite genug kennengelernt, dem Augenblick gelebt und dauernd Hunger gehabt. Da hat uns oft der leere Magen daran gehindert, dem Geist zu dienen. Ja und jetzt: Die Versuchung ist so groß, Geld zu machen und das Geld zu Essen. So ist unser Glück ein materielles geworden, denn um alles kümmern, Geld verdienen, Kinder, Haushalt und die Kunst, – wir schaffen es nicht."

Dann beschrieb ich Ami-Stiefel mit den Namen der Soldaten, pro Stiefel 1 Schachtel Zigaretten. Aber das Große Schwarzmarkt-Geschäft blieb aus: Werner und seine Freunde waren starke Raucher, ich fing auch an.

Um uns zu retten, taten wir schließlich, was alle uns rieten: "Gebt doch Uchen nach Hornhausen und Matthias zu Mama G., bis ihr wieder Boden unter den Füßen habt!" Wir verdingten uns bei den Amis, Werner im Amerikahaus als Plakatmaler, ich in einer Kaserne im Craft shop und redeten uns ein, es sei das beste so. Immerhin lernten wir ein bißchen was in unseren Jobs. Aber wir kriegten den Boden nicht wieder unter die Füße -

20.8.'50: "Ich werde oft verrückt vor Sehnsucht nach den Kindern, aber das heißt nicht, Sehnsucht nach Hausarbeit. Die Kinder da haben und zeichnen, und zwar nicht nur zum Geldverdienen! Am liebsten mit Werner. Aber wie unendlich weit bin ich entfernt von diesem Wunschtraum, denn ich kann ja nichts, oder so gut wie nichts. Und wir haben aufgehört, aneinander zu glauben, jeder hat angefangen, sich selbst mehr zu lieben als den anderen. Es ist jammervoll; wie wenig widerstandsfähig ist Liebe gegen den hartnäckigen, grauen unerfreulichen Alltag, gegen Enge und Geldlosigkeit. Wie könnte man das denn glauben, wenn man heiratet und ein Kind zeugt, daß dieser Alltag eintreten und je eine Rolle spielen könnte!"

Wir holten die Kinder wieder und versuchten, zueinander zurück zu kehren aber es war trotzdem so: "Wie wenn aus unserem Luftballon die Luft langsam rausgegangen ist. Nun liegt er am Boden."

1952, Herbst: „Vielleicht, sicher habe ich es falsch angefangen. Jetzt ist es vorbei. Ohne es zu wollen, bin ich einen Weg gegangen, der mich, wie man so schön sagt, frei gemacht hat. Ich kann genug, um überall mit Uchen durchzukommen. Aber das Glück ist weg."

Wir haben aus unseren Herzen Mördergruben gemacht, um jeder ein neues Leben anfangen zu können. Wie konnte es bloß möglich sein, daß wir uns wieder neu verliebten – nicht etwa ineinander oder nur einmal? Ich weiß es auch nicht. Jedenfalls hatte Werner nach einem Jahr wieder eine schöne liebe Frau und nach 2 weiteren Jahren 2 Töchter. Bei mir dauerte es ein bißchen länger, aber dann hatte ich auch einen neuen Mann → Helmut und 1, 2, 3 neue Kinder:

Mein Zeichentisch wurde nur zeitweise umfunktioniert, ich habe meinen Beruf nie ganz aufgesteckt. Es fing wieder ein schönes, buntes, aufregendes Leben an, aber ein ganz anderes, als das hier aufgezeichnete.

3 Einladungen aus der Mitte der 50er Jahre.

Marie Marcks
SCHWARZ-WEISS UND BUNT

Eine gezeichnete Autobiographie 1922-1968
Zweiter Teil

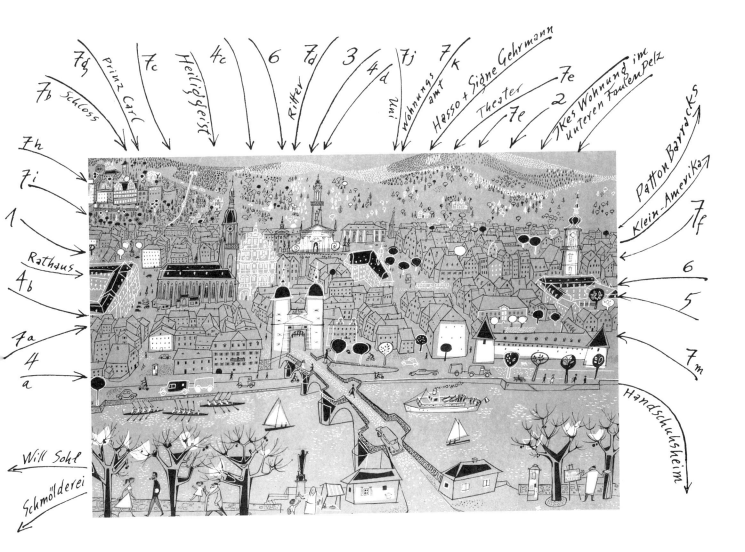

Alt-Heidelberg, die feine, die unzerstörte Stadt – damals, im ersten Nachkriegsjahrzehnt. Sie war unser Revier: 1) Unter schiefen Dächern Willibald Kramm's Atelierwohnung. 2) Der „Faule Pelz", wo der Filmclub unseren Nachholbedarf stillte und die italienische und französische Avantgarde zeigte, 3) der CAVE 54, Chet Baker, Albert Nicolas, das Modern Jazz Quartett, Walt Dickerson, Joe Hackbarth Karl Hans Berger spielten dort und Fritz Rau war immer da, mit einem grünen Hirschmuster-Dulli. 4 a –e) Litfaßsäulen, an denen meine Filmclub- u. Cave-Plakate klebten, 5) das Kurpfälzische Museum, für das ich Beschriftungen machte, 6) der Brückenturm mit den Architekten Steinbach u. Kohl, 7a–z: Sääle, Wohnungen und Buden, wo die heißesten Feste gefeiert wurden. Wir waren ja alle nocheinmal davongekommen.

Ein Jahr arbeitete ich bei den Amis, im Flaming Sword Soldiers Club. Dort mußte ich für die verschiedensten Freizeitaktivitäten der Soldaten Plakate und Anzeigen entwerfen und drucken.
Mein Arbeitstisch stand in einer großen Halle, dem Craftshop, dort herrschte ein Höllenlärm von Säge- und Bohrmaschinen und Hillbillie musik, aber auch eine fröhliche Arbeitsatmosphäre. Im Nebenraum übten abwechselnd verschiedene Bands. Gegen die Amerikaner hatten wir

damals keine großen Vorbehalte, sie genossen sogar, besonders während der Luftbrücke, viel Sympathie. Ich war ja selbst vor 2 Jahren über Berlin mit Hilfe der Luftbrücke dem Arbeiter- und Bauernstaat mit seinem Soll-Übererfüller Hennecke entwichen und hatte diesen Entschluß nicht bereut. Der freundschaftlich-lässige Ton der Amerikaner, der selbst im Soldatenclub herrschte, zusammen mit der Offenheit und Begeisterung, mit der alles, was ich produzierte, aufgenommen

wurde, machte diesen Job fast zu einem Traumjob. Vorgesetzte, meist weibliche Offiziere, machten sich, wenn überhaupt, dann durch Freundlichkeit bemerkbar. „Hi, Mary, how are you today?" Auch dies: Am anderen Ende der Stadt, getrennt durch je fast eine Stunde Hin- und Rückweg von zu Hause, morgens mit einer Arbeit, die Spaß macht anzufangen und 8 Stunden dranbleiben zu können, – diesen Zustand habe ich später nie wieder, oder nur während einzelner Arbeitsschübe erreicht. Und nachmittags nach einem intensiven Arbeitstag heimfahren im Ami-Bus (aus dem Radio Dixieland): Welch unvergleichliches Feierabendgefühl! Trotzdem: Es durfte kein Dauerzustand sein, daß mein inzwischen schon 8-jähriges Uchen, das ich endlich wieder bei mir hatte, ein Schlüsselkind war. „Das Haus ohne Hüter," es reichte. Mein kleiner Sohn Matthias, jetzt 5, war bei seinem Vater Werner und seiner neuen Frau, die – immerhin ein Trost, ihn liebevoll bemutterte. Ich fing an, mich nach freien Aufträgen umzusehen.

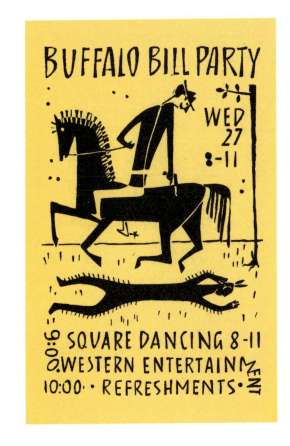

Als mein Töchterchen mich eines Abends mit einem geborgten Schirm am Bus abholte, damit ich trocken nach Hause komme, war es klar für mich:
Ich quittierte den Dienst bei den Amis und wollte ab jetzt zu Hause arbeiten. – Nur war da zunächst kaum Arbeit und somit auch kaum Geld.
Also zogen wir um.

Ein Brief vom Vater:

"Bewahre Dir Entscheidungsfreiheit und mache Dich nicht von einer Liebschaft abhängig und stelle Dich nicht in Hochwasserhosen vor und laß' Dir Tips geben, wie man unbescheiden sein kann."

..... und um ....

und um.

Mein Vater hatte einen Draht zur Werbeagentur „Lintas" (Pepsodent, Sunlicht, Sanella, Golddollar etc.) und mich dorthin vermittelt. Meine Arbeiten hatten auch gefallen, ich mußte aber befürchten, daß mein leibhaftiges Erscheinen diesen guten Eindruck wieder zunichte machen würde. Ach, bei aller Liebe: Was wissen schon Eltern? Eine Freundin hatte mein Kind in ihre Familie aufgenommen, bis ich ein Dach überm Kopf habe." Also mal wieder weg. —

Tagebuch: „Oh finstere Stunden: Rausgeflogen durch einen Mann, den ich nicht will, zwei Kinder, die ich nicht habe, kein Geld u. keinen Schimmer, wo heut nacht pennen!"

Ab und zu fiel im Museum ein Beschriftungsauftrag für mich ab, z.B. 50 Schilder: BITTE NICHT BERÜHREN!
Eine Weile trampte ich täglich nach Frankfurt und zurück, um für 2.- DM Stundenlohn Messestände zu dekorieren. In den Pausen las ich Simone de Beauvoir: "Das andere Geschlecht" und rauchte eine Eckstein. Trotz aller Misere fühlte ich mich irgendwie emanzipiert. Onkel Gerhard schrieb ein Kärtchen:

> Wertes Mitglied!
> Das Geld liegt auf der Strasse!
> Auch Sie können Milliarden verdienen
> — wenn Sie nur zugreifen!
>
> Aber wie?
>
> 2/ 2 Einbrecher finden im Safe nur eine Schachtel Cigaretten:
> „Steck ein!
> Eckstein!"
>
> An Firma!

Einer großen Buchhandlung gestaltete ich in tage- (u. zuhause nächte-) langer Arbeit die Schaufenster;

Zweimal in der Woche lief ich in die Stadt: Zum Stempeln und aufs Wohnungsamt. Auf dem freien Markt war eine Wohnung unbezahlbar und eine bewirtschaftete zu erwischen, fast aussichtslos.

Tatsächlich: Der Mann teilte mir eine 2-Zimmerwohnung zu, aber damit war ich noch lange nicht drin; ging es bei der Zuteilung darum, möglichst kinderreich zu sein, so empfahl sich vor Ort doch Kinderlosigkeit. Und natürlich Männerlosigkeit. — Die gute Frau nahm mich und wies mir NICHT wegen verdeckter und verschwiegener Mängel die Tür!

Noch am gleichen Tag fingen wir an zu renovieren. Die Wirtin schaute ab und zu rein, nicht unfreundlich, wie mir schien. Als alles frisch gestrichen war, Wände weiß und Fensterrahmen knallgelb und ein paar Kisten und Bretter als Möbel reingeräumt, — (meinen Orliktisch auch!) und die alte Dame immer noch freundlich war,

"Sag' guten Tag, Tante Zetsche!"
"Tag!"

holte ich Uchen und zeigte sie vor. Und, als das gutgegangen war, rückte ich nach ein paar Wochen mit Matthias raus. Da sagte sie erstmal gar nichts. Und dann: "Ja, ja, — ich weiß, wie das ist. Ich bin selber geschieden und mußte mit meinen beiden Söhnen alleine durchkommen."

"Und das ist Matthias!"

Anna sagte dann auch nichts. — Jahre später besuchte mich die nun über 80-jährige Dame, zusammen mit ihrem Scheidungsgrund, einem jüdischen Arzt, der aus der Emigration zu seiner Großen Liebe zurückgekehrt war.

Das Glück war mir jetzt hold. Der Direktor des Kurpfälzischen Museums, Georg Poensgen und seine Frau waren mir gewogen und luden uns manchmal zum Essen ein. Ich wurde auch zum Marianne-Weber-Kreis zugelassen, – da hatten sie mich aber weit überschätzt: Ich konnte da keinen Honig saugen, geschweige denn, etwas beitragen und blieb weg. Das verübelten sie mir jedoch nicht, sie erteilten mir vielmehr eines Tages einen richtigen Auftrag: Ein Mosaik für sein Elternhaus in Düsseldorf. Wir machten die Steinchen

aus eingefärbtem Zement selbst, die Wohnung war wochenlang eine staubige, verschmutzte Werkstatt.

Frau Zetsche und Tante Anna versorgten die Kinder, während wir das Mosaik verlegten, so gut, daß sie kaum wiederzuerkennen waren.

Nachdem alle Schulden bezahlt waren, kaufte ich mir noch rasend schicke, sehr enge schwarze Hosen, die ersten, die es in Heidelberg gab. Dann war das Geld alle. Tagebuch '53: „Manchmal verzweifele ich, wenn ich Tag für Tag in allen Taschen die Groschen zusammensuchen muß, um wenigstens die Zigaretten bar bezahlen zu können, und wenn mit der Post nur Drohungen und Mahnungen kommen. Aber der freie Beruf wiegt doch vieles auf."
Der Frühling hatte die Weide im Nachbarsgarten zartgrün überhaucht, Blütenduft und Vogelgezwitscher drangen ins offene Fenster und aus dem Radio kam die frohe Botschaft von erfolgreichen H-Bombenversuchen auf Bikini. Und daß die Bomben nunmehr in Serienproduktion gingen.
Abhauen mit den Kindern? WOHIN?
Meine Fluchtgedanken tasteten den Erdball ab:

Der Deutsche Laienspielverlag wurde zum stetigen Auftraggeber. U.a. machte ich für ihn auch Umschläge für zeitnahe Stücke.

Es gab keinen sicheren Ort. – Außer vielleicht, – aber ich wollte weder am Nord- noch am Südpol nochmal von vorn anfangen. Sich wehren, verflucht nochmal, aber WIE?

Einfach nur dagegensein, das hatte schon mal nicht gereicht, um das 3. Reich des Bösen zu verhindern. – Zum ersten Mal kam mir der Gedanke, es mit politischen Karikaturen zu versuchen. Mein Vater riet mir lakonisch, mich erstmal politisch zu informieren. – Im letzten Jahrzehnt zwischen 1943 und '53 hatten Liebes- und (Über)-Lebenskämpfe meine Seelen- und Körperkräfte in Anspruch genommen, mein politisches Bewußtsein war absorbiert von dem nachträglichen Begreifen

21–22
GERHARD SCHÄFER

SEIT 5 UHR 45
WIRD
ZURÜCKGESCHOSSEN

des eben überstandenen Nazigrauens. Meine Schwester Ike und ich trampten nach Hamburg und München, um "Die Fliegen" und "Des Teufels General" zu sehen, der Filmclub zeigte "Rom, offene Stadt" und "In jenen Tagen" und "Die Mörder sind unter uns". Ich sah "Todesmühlen" und "Nacht und Nebel", während schon wieder die Weichen gestellt wurden für eine finstere Zukunft. Ich las "Der SS-Staat", "Die unsichtbare Flagge", "Das Tagebuch der Anne Frank", "Christus kam nur bis Eboli", während schon wieder wie besessen gerüstet wurde: In Ost (f.d. Frieden) u. West (f.d. Freiheit) Das "Gleichgewicht des Schreckens" war der politischen wie militärischen Weisheit letzter Schluß. Neben Ereignissen wie dem Aufstand am 17. Juni '53 in Ost-Berlin, seiner Niederschlagung und der laschen Reaktion des Westens, war es vor allem auch der mühselige Alltag, der unsere Gemüter bewegte. Der Kalte Krieg war im persönlichen gegenwärtig: Tagebuch '52: "Tante Hedi hat sich im Ostsektor ein Kleid nähen lassen und sich's nicht verkneifen können, das auch noch

ihren Kollegen zu erzählen. Sie wurde verpfiffen und fristlos entlassen. Ein Jahr vor ihrer Pensionierung!"
„In Hornhausen hat eine Massenflucht eingesetzt...." schrieb mein Vater, bevor er selbst, – einer im riesigen Strom der Republikflüchtlinge, sich in den Westen absetzte, kurz bevor die „Zonen"grenze als Antwort auf unseren EVG-Beitritt gesperrt wurde. „Ostsparern und wer weiß, wem sonst noch, werden laufend Hilfsgelder bewilligt, aber einstweilen treffen alle diese Gesetze auf mich nicht zu." Er stellte dann jahrelang vergebliche Anträge auf (Kriegs)-Lastenausgleich, während 1945 entlassene Nazis das Recht auf Wiedereinstellung in den Staatsdienst erhielten. (Globke, der Kommentator der Nürnberger Rassegesetze, wurde schon früher Staatssekretär bei Adenauer, der mit Hilfe der Frauenstimmen '53 der CDU die absolute Mehrheit beschert hatte). Wegen der Guten Sitten bekamen wir ein Schund- u. Schmutzgesetz!

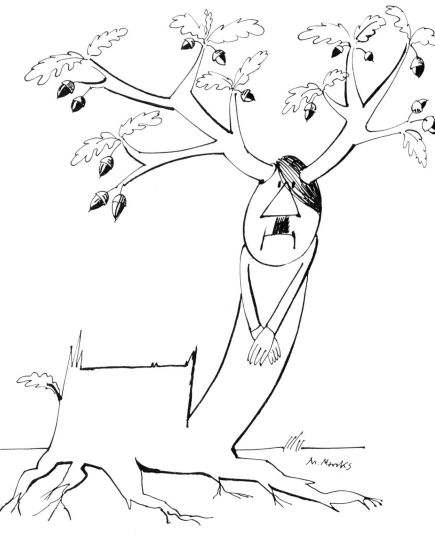

Die Sitten-Wacht am Rhein. Sie schob, 3 Jahre später, mit dem NATO-Eintritt 1955 (zunächst unter „Verzicht" auf ABC-Waffen,) auch und ganz besonders gegen den Ivan Wache, nicht mehr gegen den Franzmann, – mit dem war Versöhnung und Verständigung angesagt, – auch bei uns.

Deutsch-Französisches Studententreffen, veranstaltet vom CAVE, '55

Unser 1954 gegründeter Jazzclub hieß CAVE, und es wimmelte dort von Existentialisten. Die Titel französischer Filme standen Pate beim Motto für manches der vielen Faschings- und Sommerfeste. – Bisher hatte ich keine Möglichkeiten, Karikaturen in einer Zeitung zu veröffentlichen. Der Hitlereichen-Sproß und Adam u. Eva waren erste Versuche,

 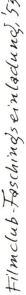 

„Les belles de nuit", Filmcl.-Einlad. 54

Filmclub-Faschingseinladung, '53

die ich erst 8–10 Jahre später loswurde. – Sie waren dann aber immer noch, oder schon wieder, aktuell und sind dies leider bis heute geblieben. Eine Möglichkeit aber, meine Meinung kundzutun, bot mir der CAVE, in dem ich seine Gewölbe ausmalte mit gerade aktuellen Themen, z.B. '54 gegen die Wiederbewaffnung.

Im „Gilbert" trafen sich abends die alten Handschuhsheimer zum Skat, aber auch Künstler und deren Mäzene. Manchmal wärmte die Wirtin für uns auf, was die Letzteren in ihren Schüsseln übriggelassen hatten. Die Einladungen druckte ich oft selbst zu Hause, in Linol- oder Siebdruck, diese Technik hatte ich ja bei den Amis gelernt.

Faschingseinladung d. Gilbertisten, '53

Das machte viel Arbeit, aber auch Spaß, weil jeder Abzug verschieden war.

Filmclub-Sommernachtsball im Schwetzinger Schloß, Juli 1954

Filmclub-Fasching in der Stiftsmühle, '55

Filmclub und CAVE waren nicht nur für Studenten, sondern auch für Jazzfans, Cineasten, Künstler und Literaten *die* Treffpunkte. Vor allem waren sie's für Musiker. Es gab keine Polizeistunde für den CAVE, und so kamen sie oft noch nach Konzerten aus Heidelberg oder Mannheim, oder umliegenden amerikanischen Militärbasen. Es wurde mehr zugehört als getanzt. Wenn aber die schwedischen und französischen Ferienkurs-Studentinnen auftauchten, wurden alle bunten Tische und Stühle gestapelt, damit sie für ihren Bebop genug Platz hatten.

„Unter den Dächern"   von Heidelberg", Filmcl. '56

Und es kamen in Heidelberg stationierte junge Musiker, die in der Big Band der 7. Armee ihren Militärdienst ableisteten zum Jazzen in den CAVE, mancher von ihnen wurde später berühmt. Ich kann mich übrigens nicht erinnern, daß wir diese Soldaten, zumal sie in Zivil erschienen, jemals in Verbindung brachten mit der amerikanischen Armee, die Atom-

bomben im Pacific testete und mit ihnen bis an die Zähne bewaffnet war. Im Gegenteil, sie, die jungen, (meist schwarzen) Jazzer waren diejenigen, die für uns Amerika verkörperten, die uns für alles Amerikanische einnahmen. — Eingenommen für einander waren auch ziemlich schnell Helmut und ich. Daß er selbst etwas Saxophon spielte, gefiel mir natürlich auch, aber

daß er Uchen einen Goldhamster versprach und den auch umgehend (mit Käfig!) lieferte, das imponierte mir.

Als Naturwissenschaftler bewegte er sich in einer mir fremden Welt. Um mir diese näher zu bringen, nahm er mich in eine Filmmatinée mit, zu der die BASF verdiente Mitarbeiter und die Chemische Fakultät geladen hatte. U.a. führte der hübsche Farbstreifen im Zeitraffer die überzeugende Wirkung eines Totalherbizids vor;

Hatten sich nun schon Produkt- wie Brautwerbung als Fehlschläge erwiesen, so machte kurz darauf eines seiner Statements seine Aussichten nicht gerade besser:

Fast hätte unser gerade erst angestimmtes Liebesliedchen ein jähes Ende gehabt. Aber irgendwie muß unser Interesse aneinander doch überwogen haben, denn wir blieben zusammen, 15 Jahre lang!
Und es gelang uns sogar zeitweilig, an einer Sache zusammenzuarbeiten.
Davon konnte aber vorläufig noch keine Rede sein.
Ich nahm an Aufträgen an, was ich nur kriegen konnte: Hier ein Plakat, dort eine Illustration, nochmal ein Mosaik an einem Schulneubau, und mal ein Wandbild. Einmal wurde ich gebeten, ein Schriftmuster zu machen als Vorlage für die Beschriftung der neuen Wirtschaftshochschule in Mannheim.
Das sah ich nun aber nicht ein: Ich sollte 100,- DM für mein schönes Schriftmodell bekommen und irgendeine Malerfirma das große Geschäft damit machen. Schließlich hatte ich von Fraktur bis Antiqua, klein und groß, alle Schriften fast nebenher gelernt, nämlich bei meiner Mutter in ihrer Berliner Kunstschule. (So gut wie sie konnte ich's aber doch nicht.)

"Doch, doch, das kann ich, auch ohne Malstock, frei aus der Lameng!" Man gab mir mit mildem Lächeln die Ausschreibung, und ein netter Heidelberger Malermeister zeigte mir, wie sie auszufüllen war und wie der Lohn berechnet wird, nämlich pro Buchstabe, je nach Größe, zwischen 25 Pf und 70 Pf. Er borgte mir auch seine Pinsel, denn ich bekam wirklich den Zuschlag!

Die Hochschule war in dem wieder-

aufgebauten, im Kriege völlig heruntergebrannten Schloß eingerichtet worden, und jetzt galt es, die unendlich vielen Türen und Wände mit Hinweistexten zu bemalen, schön gerade, mit gleichmäßigen Abständen, nicht verschreiben und nicht übers Ziel hinaus, nicht kleckern, nicht zittern, trotz blaugefrorener Pfoten. Tagebuch, 5.4.55: „Eine entsetzlich sture Arbeit; der einzige Trost ist, daß ich mir im Schnitt mit jedem Buchstaben 45 Pfennige erschreibe. Es sind über 300 Räume, die oft ellenlange Texte haben, ich schreibe, bis mir der Arm abfault, – von „Auditorium maximum" bis „Damen" und „Herren." 12.4.55: „Mannheim, 9ʰ–16ʰ, 100 Buchstaben. / 13.4.: Mhm, 5 Std., 180 Buchst. – 15.4.: 4½ Std., 180 Buchst. 18.4. Mhm., 6 Std., 320 Buchst., 19.4., 6 Std., 330 B.st. Beim Nachhausefahren rechnete ich mir befriedigt meinen Tagesverdienst, Stück- u. Stundenlohn aus, wobei ich zu immer neuen Resultaten kam:

Als ich zum letzten Mal heimfuhr, kam aus dem Radio die Meldung von Einsteins Tod. Die Nachricht, warum, wußte ich eigentlich nicht, ging mir irgendwie nah. Wahrscheinlich hatte es auch kaum etwas mit seiner Relativitätstheorie zu tun, daß mir schlagartig die

Relation zwischen den standesgemäßen Pensionen von Nazirichtern (die jetzt zwar endlich z.T. aus dem Amt, aber nicht aus dem Futter geschafft worden waren) und meinem, in einem Monat zusammengeschriebenen Buchstaben-Stücklohn klar wurde. Als ich endlich die richtige Summe rausgekriegt hatte, stellte sich heraus, daß sie keineswegs üppig und sauer verdient war.

Aber immerhin konnte ich jetzt Uchens Schulgeld voraus- und meine Mietrückstände nachzahlen und meinem Vater mal ein Geldschiff rübersegeln lassen. Er, der eingefleischte Großstädter, lebte jetzt bei der Schwester meiner Mutter in einem winzigen Häuschen an der Weser, das jedes Frühjahr nach der Schneeschmelze unter Wasser stand.

Er mußte ins Nachbardorf fahren um seine Rente abzuholen.

Meine Tante teilte ihre Rente mit ihm. "Nach jahrelangen Amtsschikanen" schrieb er mir, "hat nun ein Silberstreif den trüben Himmel meines Herbstes erhellt: Ich bin Kleinrentner mit 85,- DM monatlich, abzüglich 1,- DM für Sterbezwecke, die ich aber sobald nicht zu realisieren gedenke." – Ein Honorar, das er für seinen Vortrag über Amenophis IV. bekommen hatte, ermöglichte ihm, sich in Berlin mit seinen alten Freunden Richard Scheibe und Walter Gropius, der dort wegen der großen Bauvorhaben im Hansaviertel war, zu treffen. "Meine Vaterstadt, zu der ich mich noch immer hingezogen fühle, bleibt ein riesiger Dreckhaufen."

In Stuttgart wurde jetzt die erste große Leistungsschau, die „Landesausstellung Baden-Württemberg", vorbereitet und ich wurde mit der Präsentation der Produkte unserer hier angesiedelten Vertriebenen betraut.

Die Hoffnung, ich könnte mich durch eigene Flucht einer Neuordnung der Erzeugnisse unserer Flüchtlingsindustrie entziehen, trog. Nachdem Prof. Otto Haupt,

der künstlerische Leiter der Ausstellung, schlicht feststellte „Marcks macht Murks," mußte ich umdekorieren. Trotzdem gab er mir noch die Sektion „Autozubehör". Ich setzte eine Frau-nicht auf den Kühler, sondern ans Steuer, und, als hätte ich's geahnt, als Zubehör 5 Kinder in den Fond.

Die in einer Panzerglasvitrine ausgestellten Reichsinsignien durfte ich aber zur Strafe nicht dekorieren. Mannheim hatte seinen eigenen Pavillon, dafür zeichnete ich ein Stadtpanorama; - immer mehr kam hinzu, schließlich halfen Ike und mehrere Freunde mit.

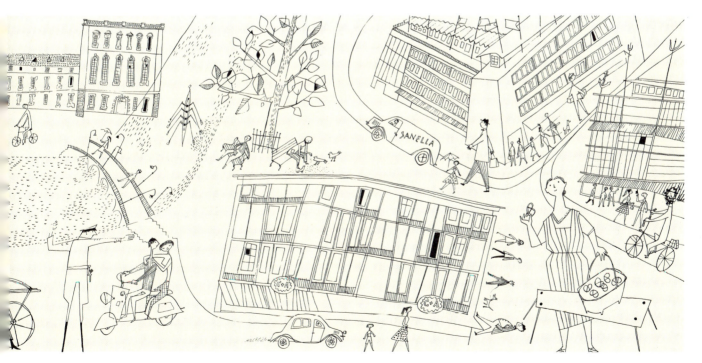

Tagebuch, 3.7.55: „Eine riesige Arbeitswelle liegt hinter mir, soviel Geld, wie in Stuttgart, habe ich noch nie auf einen Schlag verdient, und soviel Spaß gemacht wie diese Arbeit mit den Freunden hat mir auch noch selten was, auch wenn ich halbtot war hinterher. Danach haben wir erstmal aus dem Vollen gelebt." Auf einen ähnlichen Brief an meinen Vater antwortete er:

..... die die Lektüre in mir nachrief, ließen mich u.a. an die Riesenarbeit zurückdenken, die Mammi und ich an der Kölner Werkbundausstellung im heißen, gewitterreichen Sommer 1914 zu bewältigen hatten. Da war das ganze Corps der Freunde bei einander: Gropius, Scheibe, Onkel Gerhard u. wer sonst noch alles dazugehörte. Tagsüber Arbeit, die auf den Nägeln brannte, Sorgen, Zank bis zu völligem Erledigtsein. Und abends beim Wein gewaltiges Schwadronieren bis an die Morgenröte. Dann heiter von Neuem an, bis der Ausbruch des Krieges dem ganzen Rummel ein jähes Ende bereitete.

Meine Eltern waren 1914 gerade jung verheiratet, Kinder waren noch keine da. Aber ich hatte schon zwei und hätte ohne die Hilfe meiner lieben Wirtsfrauen diese Arbeit nicht übernehmen können.

Sie tolerierten übrigens nicht nur, daß Helmut zu uns zog, sondern sogar seine musikalischen Fingerübungen.

Solange meine Mutter lebte, richtete ich meine Briefe, wenn ich nach Hause schrieb, meistens an sie. Sie war mein „Roter Faden". Der Briefwechsel zwischen meinem Vater und mir entwickelte sich erst nach ihrem Tode 1950, und wenn ich auch so gut wie keinen seiner Ratschläge befolgte, so fühlte ich mich doch durch seine stete Anteilnahme an meinem Leben gestützt und begleitet. In seinen Briefen redete er mich oft mit meinen Kindernamen an: „Lieber Mirax", liebe Bebimarie!" oder: „Na Kleiner Gerhard? Topside down?! Recht so, Kotz er sich nur aus....!" und sprach mir Mut zu. Als Kind hatte ich, wenn ich an mein vor mir liegendes Leben dachte, ein endloses Meer vor Augen, mit riesigen Wellenbergen - und Tälern.

Und ich in einem winzigen Boot mittendrin. Aber Untergehen „gildete" nicht. Sicher wäre ich später im Leben mehr als einmal gekentert, hätten sich nicht immer wieder Gönner und Gute Seelen gefunden und mir immer aufs Neue eine Chance gegeben und für vorübergehende Wetterberuhigung gesorgt. —

Wir zogen ungern von Frau Zetsche weg, waren aber doch froh, endlich eine richtige Wohnung bekommen zu haben. Leider Wand an Wand mit POM a.D. Schmitt. Tagebuch, Okt. '55 „Badezimmer, Warmwasser, Küche: Vor 2 Jahren noch Ziel aller Wünsche, nach 3 Tagen schon Selbstverständlichkeit. So ging's mir auch, als ich die fetten Honorare von Stuttgart kassierte: Ohne den geringsten Übergang hatte ich mich daran gewöhnt. Aber es fiel mir auch nicht besonders auf, als der Geldstrom wieder versiegte: Der Normalzustand ist wieder erreicht: Pleite." Zum Einzug schenkte uns Helmuts Mutter einen Mülleimer. Mein Vater schrieb dazu: „Das verrät einen souveränen Blick für's Wesentliche!" Weiter schrieb er: „Hat Uchen endlich Einlagen? Du hast ein ganz entzückendes Kind, verhindere, daß es Plattfüße kriegt!" Und am Schluss: „Weder Onkel Gerhard noch ich verlangen je von unseren Kindern, daß sie die verblasene bürgerliche Existenz unserer Eltern nochmals durchpausen. Also versucht Euch nur – aber gewinnt das Rennen!" (Er wagte nicht zu hoffen, daß wir heiraten.).... „Ich wünsche Dir Freude an Deinen Kindern, Deiner Freundschaft und Erfolg in Deinem Beruf. Der Dummheiten seien nun genug getan, und so lasse nun Lebensklugheit die Oberhand gewinnen." Ich bemühte mich. — Anstelle eines Babyjäckchens „strickte" ich mein erstes Heidelbergbild, es war das Bild, mit dem dieses Buch beginnt. - Unsere Wohnung war sogar so groß, daß wir einen Untermieter hatten: R.K. Er arbeitete als Historiker über den Vormärz (von 1848), vielleicht nahm er aber die politischen Weichenstellungen der Gegenwart doch etwas weniger verschwommen wahr als wir: Z.B., daß die Entlassung aller Kriegsgefangenen, die noch in sowjetischen Lagern waren, einen hohen Preis hatte: Die Anerkennung zweier Deutscher Staaten. Aber Adenauer wurde groß gefeiert. Auch daß zur gleichen Zeit, im Herbst '55, ein Ministerium für Atomfragen gegründet wurde, mit F.J. Strauß als Atomminister, regte uns nicht weiter groß auf, handelte es sich doch um die FRIEDLICHE NUTZUNG der Kernenergie. Und dabei argwöhnten wir vorerst nichts; Helmut war noch ganz Chemiker und saß über seiner Doktorarbeit. (Auch diese Zeichnung erschien erst viel später, in der „Zeit".)

Köln-Müngersdorf
14 XI 55

Liebe Bebi!

Bist Du Katz?
Bist Du Matz? —
Männer gehen auf den Leim!
Wird der Vogel männlich sein.
Das besagt schon das Geschlecht.
Oder aber... (mir wird schlecht):
Ist die böse Katz die Ehe?
Wehe, wehe, wehe, wehe!
 Doch vielleicht braucht als Berater
 man so einen alten Kater?
 Weiss er doch schön zu miauen!
 Doch man sollte ihm nicht trauen:
 Zieh ihm Zähne aus und Krallen!
 So! jetzt wird er Dir gefallen.

Was bleibt dem alten Onkel, als Dir und Euch
von Herzen alles Gute zu wünschen, welches Gute
ich auch auf Deine Kinder erstrecken möge.

Dein
Onkel Gerhard

Who is Who? Als ich unsere Hochzeitsanzeige machte, fühlte ich mich als die risikofreudige Nachtigall; für Helmut stand fest, daß er mit dem Singvogel gemeint war, zumal ihm die Hausmusik zu danken war: Zu Weihnachten schenkte er sich Drums. Banjo und Saxophon hatte er schon mit in die Ehe gebracht.

Tagebuch, 1. Juni '56: „Im Frühling kam Sebastian! Ich bin sehr sehr glücklich, daß ich ihn habe, und bin froh, daß ich nicht mehr so furchtbar jung und dumm bin. Ich genieße seine Winzigkeit und seinen Liebreiz jede Stunde, – ich glaube, er ist mir noch nie auf die Nerven gegangen."

27. III. 1956 * Sebastian ist auf die Welt gekommen!

1. Juli '56: „Es gibt jetzt 50 000 Atombomben – und wir kriegen ein Kind! Vor 10 Jahren stolperten wir noch über Trümmer, und jetzt ist alles Elend und aller Schmerz vergessen: Wir haben wieder eine Wehrpflicht (Adenauer hat bereits die ersten Freiwilligen begrüßt) und einen „Verteidigungs"minister haben wir auch: F. J. Strauß! Drüben ziehen sie natürlich nach und bauen eine „Nationale Volksarmee" auf, sind dem Warschauer Pakt beigetreten und wir der NATO. – Aber die Wiedervereinigung, die führen unsere Politiker bei jeder Gelegenheit im Munde. In Frieden & Freiheit, klar."

Im August '56 stach Helmut in einem Schiff voller Stipendiaten in See, um in Yale sein Post-Doctor-Fellowship anzutreten. Nachdem ich später mit den 3 Kindern nachgekommen war, schrieb ich in mein Tagebuch: „Erst fühlte ich mich schrecklich verlassen, aber dann begann ein zwar sehr arbeitsreiches aber schönes Junggesellenleben. Wenn man den Mann irgendwo weiß, ist es auch mal schön, allein zu sein! – Eigentlich weiß ich nicht, wie ich den ganzen Kram

geschafft habe mit Kindern, Schule, Haushalt, Aufträgen, unendlicher Korrespondenz, Wohnungsauflösung (was soll mit, was bleibt da, kommen wir zurück, bleiben wir drüben?) Dazu die Bude ständig voller Freunde, (die aber dann alle rührend beim Packen halfen). Aber es ging – es geht ja bei mir immer, wenn ich auf mich alleine gestellt bin." Und Werner wollte seinen Sohn nicht mit nach Amerika lassen. Hatte ich mich nach dem Kind verzehrt, als es bei ihm war, so war es jetzt umgekehrt: Er schrieb verzweifelte Briefe aus dem Sanatorium, wo er hilf- und wehrlos festlag. Und ich hatte nächtliche Alpträume, fühlte mich als Kindesentführerin. — Aber bis wir uns im Dezember '56 in Wilhelmshaven endlich einschifften, hielten uns außer den privaten die weltpolitischen Ereignisse in Atem. Am 5. Nov. schrieb ich an Helmut: "Ich bin tief traurig, habe wie ein Schloßhund geheult, als ich versucht habe, den beiden Großen zu erklären, was in Ungarn passiert. Wir sind hier alle deprimiert und verzweifelt über diese Katastrophe, es ist einfach nicht zu begreifen, daß die Gewalt kein Ende nimmt. Englands Suez-Aktion unterscheidet sich doch in nichts von der russischen in Ungarn — rechtfertigt sie sogar, — und wird allmählich stillschweigend akzeptiert. Was nützen die Demonstrationen, die Hilfsaktionen, die Reden, z.B. Adenauers senile und hohle Erklärungen, die Protestmärsche, das Halbmastflaggen, die lächerlichen UN-Sitzungen? Sie schützen uns nicht davor, in einen 3. Weltkrieg zu rennen, bzw. gerannt zu werden. Die Leute hamstern hier Speck und Seife und wie die Verrückten Öl, wobei man allgemein das Suezöl mit Salatöl verwechselt." — Unsere Briefe kreuzten sich: Helmut schrieb am 12. Nov., sein englischer Kollege Jim H. habe als Vorschlag zur Lösung der Suez-Krise nur gesagt: "Smash Egypt!" Weiter schrieb er: "Für die Amis ist Ungarn so weit weg, wie es für uns Korea war; 500 000 freiwillige Russen und Chinesen sollen für Ägypten bereitstehen. Die Weltlage ist arg verfinstert, komm schnell, wenn es Krieg gibt, ist es hier viel sicherer!"

Abschied von den Freunden – Abschied vom Vater. Die "Berlin" legte langsam ab, er wurde immer kleiner, bis er in der winkenden Menge nicht mehr zu erkennen war. – Überfahrt bei Schneesturm und wildem Seegang, die Wellen mindestens so hoch wie auf meinem Kinder-Lebensbild, nur das Schiff war 1000 mal größer, 5 Stockwerke tief, im Untersten wohnten wir. Tags brachte ich Sebastian an Deck, dort rutschte er in seinem Täschchen bei Wind und Wetter spazieren. Delphine, Seeschwalben und endlich wieder Möven: Nach 12 Tagen tauchte New York aus dem Morgennebel auf und wir konnten Helmut am Kai auf uns wartend ausmachen: Erst winzig und dann immer größer.

„DIE REISE NACH AMERIKA" entstand am Ende unseres Aufenthaltes dort und war an H. gerichtet zur Erinnerung an dieses Jahr. Ich setzte die Federzeichnungen auf Tonpapier, das es im Art-Supply in Yale gab. Josef Albers, der dort an der School of Arts lehrte, hatte eine fein-nuancierte Farbskala entwickelt. Er wollte mir gleich einen Job geben, aber ich hatte Angst vor seinen vielen Vierecken und 3 Kinder zu Hause. Albers war einer der vielen Bauhäusler, bei denen mich Vater und Onkel annonciert hatten; mit kaum einem haben wir Kontakt aufgenommen. Als Sebastian 22 Jahre später in New York studierte, hat er sich ähnlich verhalten und nur wenige unserer Freunde aufgesucht. Gute Ratschläge und Adressen der Alten werden eben von den Jungen gering geschätzt.

Hier bekam er gerade seinen ersten Zahn, er nutzte so die Zeit, die der Zoll sich mit unserer Abfertigung ließ. Dann fuhren wir in einem alten Dodge nach Woodmont.

ALS TREUSORGENDER FAMILIENVATER HATTEST DU NATÜRLICH AUCH FÜR UNS EIN HAUS BEREIT, UND DAS ÜBERTRAF ALLE UNSERE ERWARTUNGEN. EIN RICHTIGES HAUS MIT VIELEN ZIMMERN UND ROSA UND BLAU ANGESTRICHENEN HÖLZWÄNDEN, DIE ALLE SCHIEF UND KRUMM WAREN VON DEN VIELEN HURRICANEN,– MIT VIEL MEHR BETTEN ALS WIR BRAUCHTEN UND ZAHLLOSEN SCHAUKELSTÜHLEN. WIR FÜHLTEN UNS SOFORT ZU HAUSE.

.... ES DAUERTE WOCHEN BIS WIR ALLE SACHEN, DIE WIR IN DIE UNERSCHÖPFLICHEN SCHUBFÄCHER UND CLOSETS GESTREUT HATTEN WIEDERGEFUNDEN HATTEN. FÜR DICH WAR SOGAR EIN KLAVIER DA UND ICH BRAUCHTE NICHT ZU PUTZEN, WEIL ES IN AMERIKA KEINE RICHTIGEN BESEN UND LAPPEN GIBT UND SOWIESO SCHON ALLES ZIEMLICH DRECKIG WAR. DIE NACHBARN HATTEN TELEVISION UND SO WAR ICH AUCH DAS LEIDIGE PROBLEM LOS, MIR SINNVOLLE UND CHARAKTERBILDENDE BESCHÄFTIGUNGEN FÜR DIE KINDER AUSDENKEN ZU MÜSSEN.

SEBASTIAN, DER BIS AUF DIE EWIG VOLLEN WINDELN NACH WIE VOR EIN GOLDKIND WAR, STAND DEN GANZEN TAG IN SEINEM BETTCHEN AUF DER PORCH UND KUCKTE SICH DIE WILDENTEN AUF DEM MEER AN.

SO ROLLTEN WIR DAS WÄGELCHEN ANFANGS STAUNEND, DANN MIT UNBEHAGEN UND SCHLIESSLICH GANZ VERWIRRT DURCH LANGE GASSEN AUFGETÜRMTER PAPPSCHACHTELN, DIE MIT KRAFTSTROTZENDEN SOMMERSPROSSIGEN KINDERN BEDRUCKT WAREN, ALLE GERADE REINBEISSEND (OFFENSICHTLICH IN DEN INHALT DER SCHACHTEL) ODER DENSELBEN GERADE AUSLÖFFELND, IMMER STRAHLEND, WEIL ES SO GUT SCHMECKT. GENUSSSÜCHTIG UND HALTLOS GRABSCHTEN WIR NACH ALLEM WAS SO VIELVERSPRECHEND LECKER AUSSAH UND KARRTEN ZULETZT RAUS, VOLLBELADEN MIT ZEUG, DAS WIR EIGENTLICH GAR NICHT HABEN WOLLTEN.. ZU HAUSE ANGEKOMMEN, STELLTEN WIR DANN OFT FEST, DASS ES UNS NICHT HALB SO GUT SCHMECKTE WIE DEN REINBEISSERN AUF DEM KARTON, ODER DASS WIR LINSEN ODER DRUCKKNÖPFE STATT ROSINEN ERWISCHT HATTEN UND FÜHLTEN UNS RECHT UNZULÄNGLICH. ABER ALLMÄHLICH LERNTEN WIR: JE KÜMMERLICHER DER FEINSCHMECKER AUF DER PACKUNG, DESTO GENIESSBARER DER INHALT. AM BEKÖMMLICHSTEN SIND DIE PRODUKTE, WO DER FEINSCHMECKER GÄNZLICH FEHLT.
OHNE GELD KANN MAN JA ABER BEKANNTLICH NICHTS EINKAUFEN, ES SEI DENN, MAN VERFÜGT ÜBER EIN SCHECKBUCH, UND DABEI FÄLLT MIR EIN, DASS DU JA SCHON LÄNGST ANGEFANGEN HATTEST, DEM LÄSTIGEN GESCHÄFTE DES BROTERWERBES NACHZUGEHEN. DANK DEINER BESONDEREN GABEN HATTEST DU ES DABEI NICHT MAL NÖTIG GEHABT, DICH ALS TELLERWÄSCHER ZU VERDINGEN (AUSSER HIN UND WIEDER ZU HAUSE) UND KONNTEST GLEICH MIT DER WISSENSCHAFT BEGINNEN

ABER BALD STELLTEN WIR BE=
TRÜBT FEST, DASS WIR MIT DER
WISSENSCHAFT ALLEIN DEN STEI=
GENDEN ANSPRÜCHEN UNSERER
KINDER NICHT MEHR GERECHT
WERDEN KONNTEN. UND DASS
IN AMERIKA DAS GELD AUF DER
STRASSE LIEGT, IST EINFACH NICHT WAHR.

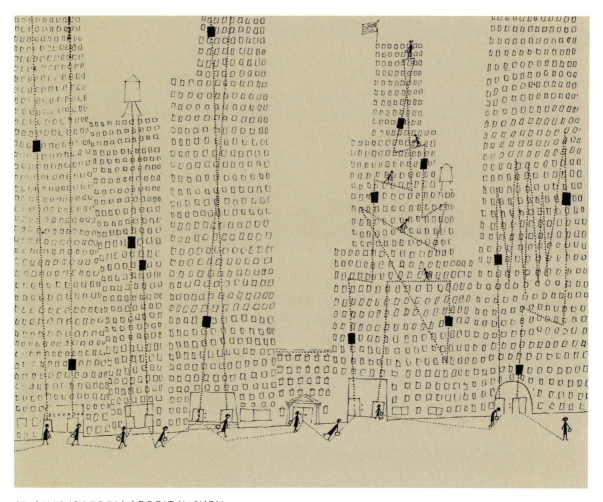

SO GING ICH EBEN ARBEIT SUCHEN.
ICH FUHR IN DEN 76. STOCK RAUF UND WIEDER RUNTER, ODER IN
DEN 122. STOCK, ZIMMER 2003 UND WIEDER RUNTER UND RAUF
UND RUNTER. MANCHMAL WAR ES EIN GANZ FEINER VERLAG

Viele freundliche Art-Direktorinnen wiesen mich an viele andere Verlage weiter. Viele von ihnen fragten mich, ob ich this nice young European Artist Tomi Ungerer kenne, er sei eben dagewesen und habe hier hübsche Arbeiten hinterlassen.... Offenbar hatte er kurz vor mir die gleiche Route abgeklappert, im Gegensatz zu mir erfolgreich.

Der erste Kaufrausch in einem für uns bis dahin unbekannten Supermarkt war verflogen und wir mußten lernen, nur das Billigste zu kaufen. Selbst wenn es schon Pamper's gegeben hätte, wären sie für uns nicht erschwinglich gewesen. Es gab aber Windeleinlagen aus zähem, aber weichen Papier, die wusch ich aus, wenn sie nur verpinkelt waren. Die Großen verdienten sich Geld mit Babysitten, hier reinigen sie ein ihnen anvertrautes deutsches Kleinkind. Nicht Sebastian! Der wurde von mir mit Kar-

toffel- und Mohrrübenbrei bekocht, fertiges Baby food war zu teuer, er mochte es auch nicht. Matthias mußte seine unten angestrickten verhassten „Düsenjägerhosen" weitertragen, die begehrten Jeans konnten wir ihm nicht kaufen. Zum Blackfishangeln am Long Island Sound waren sie aber gut brauchbar.

Uchen hätte übrigens in der Schule Jeans nicht tragen dürfen: Mädchen mußten in Röckchen erscheinen. Auch ihr konnten wir den so heiß gewünschten Petticoat nicht schenken.

Dabei galt die Bundesrepublik inzwischen als das reichste Land der westlichen Welt, das Wirtschaftswunder hatte begonnen, – nur eben bei uns noch nicht.

Die KPD wurde als verfassungsfeindlich verboten, ehemalige SS-Angehörige hingegen schlossen sich legal zur HIAG zusammen.

Den Kindern, sonst nett aufgenommen, wurde ab und zu „Nazi" nachgerufen. In der Schule gab es jetzt auch Luftschutzübungen für den Fall eines Atomkrieges.

Adenauer und Strauß wollten nicht hintanstehen und forderten die Ausrüstung der Bundeswehr mit Atomwaffen, eine Wehrpflicht gab es schon. Das warnende Manifest der 18 deutschen Atomwissenschaftler wurde als unerwünschte Einmischung von „Laien" zurückgewiesen, Albert Schweitzers Appell gegen Atomversuche -u. Rüstung verhallte.

Nachdem mein Vater immer wieder gedrängelt hatte: „Habt Ihr endlich meinen Freund Walter Gropius besucht? Er erwartet Euch!" taten wir's. Drei Tage und Nächte waren wir bei seiner Frau und ihm zu Gast; er zeigte uns sein Harvard Graduate Center, die schöne Studentensiedlung im Wald und nachts in seinem Garten einen Skunk. Den könne man, wenn er Miene mache, den Waschbären die Mohrrüben zu klauen, durch deutsche Schimpftiraden vertreiben. Und so machte er's. Lehrreich war auch für mich das elterliche Verhalten der Waschbären: Die rissen ihren Jungen die eben erwischten Rüben weg und fraßen sie selber.

Gesellschaftlichen Verpflichtungen als Wissenschaftlersgattin entzog ich mich bald mit der wahrheitsgemäßen Begründung, daß Uchen mit 2 kleinen Geschwistern und einem funkensprühenden Ofen in einem alten Holzhaus alleine sei. – Tagebuch, Juli '57: „Verrückt, – aber Amerika paßt nicht zu mir, ich habe mich noch nie so entwurzelt gefühlt wie hier und es dabei noch nie so gut gehabt: Die Kinder frei und glücklich, kein Schulärger, leichter Haushalt, aber unbefriedigt bis in die Knochen. Mir fehlen meine Freunde, mein Humus, meine Arbeit ..."
Im Hochsommer schnellte die Miete hoch und wir zogen um in eine leider nicht von Gropius gebaute Studentensiedlung mit 60 solcher glutheißer Blechhütten ringsum.

Dann hielten wir die schwüle Hitze nicht mehr aus. Mit einem eisenschweren Armeezelt ausgerüstet fuhren wir los, quer durch den Kontinent. Tagebuch, 7/57..."am schlimmsten waren die ersten 3 Tage: Endlose Highways, Affenverkehr, Fabriken rechts, Fabriken links, Tankstellen, Staub und Hitze. Ich fiel von einer Verzweiflung in die andere, weil die beiden Großen sich unentwegt zankten und Sebastian im Auto nicht schlafen wollte, im Zelt aber Angst hatte..."

Tagebuch, Juli 57: „Es dauerte stundenlang, bis das Essen auch nur halb gar war und dann waren wir zu müde, um es runterzuwürgen. Ach Gott, und jeden Morgen wachte Sebastian um 4 oder 5 auf, und dann raus, den Mistkocher zum Brennen bringen, Flasche warm machen, die er dann nicht haben will, Trockenlegen, kaum fertig, schon wieder voll – alles wieder von vorne. Unterdessen ist die Sonne hoch und donnert aufs dunkelgrüne Zelt, daß man sich die Pfoten an den Stangen verbrennt, Ameisen in der Marmelade, Tee umgekippt und zwischen jedem Handgriff Sebastian. Wenn das Auto schließlich fertig

aufgezäumt ist, Kinder verstaut, Eltern verkracht, ist er schon wieder voll. Also Decke rausgezerrt, den sich verzweifelt wehrenden, aber der 4-fachen Übermacht schließlich erliegenden kleinen Kerl entkackt. Das gleiche mehrmals täglich unter bratender Sonne am Straßenrand."

„Immerhin haben wir aber bei Mordswellen im Eriesee und im Michigansee gebadet. Weiter nach Westen hörten dann die Städte auf, schließlich gab's nur noch trostlose Buden am Straßenrand, in denen man Coca Cola und echte "Indianersachen haben konnte. Als Attraktion ein LIFE BUFFALO oder LIFE BEAR, die unglücklichen Viecher trabten mit stumpfen Augen und glanzlosem Fell in ihren winzigen Holzverschlägen hin und her. Mein Onkel, der alte Indianerfreund, hatte mir vor der Reise geschrieben:

> Ich habe neulich in Bonn Thornton Wilder kennen gelernt, der mich in seine Arme schloss, als ich mich ihm vorstellte: "O, Marcks, the sculptor!" Ich durfte ihm sagen, dass ausser Whitman Cooper und Melville kein Ami an ihn ranreicht. Es macht richtig Spass, alt zu werden, wenn man dann mit so jemandem belohnt wird. Nu warte ich noch auf die Begegnung mit Balzac, Goethe, Homer und Rembrandt – wer weiss! Büffelkind-Langspeer ist leider ermordet worden. Aber vielleicht hast Du den Mut, den ich nicht aufbrachte, Indianer zu besuchen? In Bronx sitzen 500 Mohawks, Montierarbeiter an den Wolkenkratzern (schwindelfrei!)
> Das wär's wohl Alles! Mach's gut, grüss Deine Blase von Deinem alten
> Onkel Gerhard

Weiter im Tagebuch:.... „rechts ragten grauweiße kahle Berge auf, grausam in ihrer trostlosen Verlassenheit unter der sengenden Sonne; ein Schild: Indian Reservation. Ihr Amerikaner sollt mir nochmal mit Menschenrechten kommen! Das sieht auf der Landkarte so hübsch aus, mit lila Rändchen drumrum; es sind Gebiete, die keiner haben will, weil sie nur zum Verrecken geeignet sind."
— Am Fuße der Rockies ein Riesengewitter, eine lauschige Nacht zu fünft im vollgestopften, stinkenden

Auto, weil es a) zu naß und b) zu felsig war, um das Zelt aufzubauen. Matthias hatte schon in Nebraska mit Halsentzündung angefangen, jetzt kam Helmut dran, dann kam Uchen, dann Sebastian. Wir durchkreuzten die Rocky Mountains ziemlich angeschlagen.... „Um gesund

zu werden, blieben wir 3 Tage in Aspen, einem einsamen Gebirgstal mit Schneebergkulisse, Alpenwiesen und Bach. Helmut und Matthias bauten für Sebastian aus Espenstammen ein Ställchen; Wir feierten Uchens Geburtstag, das arme Kind bekam tatsächlich nur 13 Kerzen und einen Blumenstrauß, der war aber der Schönste, den ich je gepflückt habe. Ich wußte bis dahin nicht, daß es so wunderschöne Blumen auf der Welt gibt."

EINMAL FUHREN WIR IN UNENDLICHEN KURVEN IN EINE ROTE WILDE BERGLANDSCHAFT HINEIN. NACH JEDER BIEGUNG EINE NEUE, SENKRECHT ABFALLENE TIEFE SCHLUCHT. DER MOTOR KOCHTE, AB UND ZU SPRANGEN UCHEN UND ICH AUS DEM WAGEN UND ROLLTEN GROSSE STEINE UNTER DIE HINTERRÄDER, DAMIT DAS WASSER ABKÜHLEN KONNTE; DIE BREMSE WAR KAPUTT. WIR HATTEN UNS SCHON MIT EINER DÜRFTIGEN NACHT ABGEFUNDEN OHNE WASSER UND BRENNHOLZ UND GRAULTEN UNS VOR BERGLÖWEN.
ALS DAS AUTO MIT LETZTER KRAFT AUF EIN HOCHPLATEAU ROLLTE, BRANNTEN DORT VIELE FEUERCHEN IN STEINERNEN BARBEQUES, NEBEN DENEN SÄUBERLICH TROCKNES HOLZ AUFGESCHICHTET WAR. ES ROCH NACH BRENNENDEM JUNIPERHOLZ UND STEAKS, EIN OBERBAYRISCHES WASSERKLOSETT WAR AUCH DA, DAMEN UND HERREN GETRENNT NATÜRLICH, „BUT NO SHOWERS", WIE MAN UNS ENTSCHULDIGEND MITTEILTE. DAZU VOLLMOND.
WARUM HAT MAN UNS EIGENTLICH GERATEN, DIE WÜSTE BEI NACHT ZU DURCHQUEREN? WIE GUT, DASS WIR BEI TAGE FUHREN, DENN DAS SCHÖNSTE UND GROSSARTIGSTE IN AMERIKA IST DIE WÜSTE.

ZU WISSEN, DASS ES NOCH LANDSCHAFTEN GIBT, DIE HERRLICH SIND WIE AM ERSTEN TAG, IST EIN GROSSER TROST.

ALLEN ÄRGER MIT DER ZELTEREI, UCHENS UND MATTHIAS' GEQUÄNGEL NACH COCA-COLA, WO NICHTS ALS GEGEND WAR, HABE ICH LÄNGST VERGESSEN, DU HOFFENTLICH AUCH, UND ICH WÄRE BEREIT, SOFORT NOCH EINMAL LOSZUFAHREN, — MIT DREI SÄUGLINGEN UND EINEM NOCH ÄLTEREN AUTO, VORAUSGESETZT, DASS DU ES FÄHRST. NUR BITTE MIT EINER LUFTPUMPE FÜR DIE LUFTMATRATZEN.

IM YOSEMITE WAR DIE ZELTEINSAMKEIT VORBEI, DENN DAS IST EIN BERÜHMTER ORT. WIR FANDEN ABER DOCH EIN PLÄTZCHEN FÜR UNSER ZELT, UND MATTHIAS LIESS SICH BEGLÜCKT VON EINEM HIRSCH DAS ABENDBROT WEGESSEN, UND ICH HATTE DIE FREUDE, ALLES DREKKIGE GESCHIRR WEGSCHMEISSEN ZU KÖNNEN.

DA SCHLAFEN WIR UNSERE LETZTE NACHT, UND ZIEHEN UNS ZUM LETZTEN MAL DIE DECKE GEGENSEITIG WEG. EIN GRIZZLYBÄR SUCHT NACH MEINEN ZIGARETTENKIPPEN.

Zum Geburtstag bekam ich einen weißen Ledermantel

Erschöpft und verdreckt kamen wir endlich nach fast 3-wöchiger Reise in Californien beim real existierenden Onkel aus Amerika an. Wir wurden aufgepäppelt, fein ausgeführt und eingekleidet; eines Tages fragte er mich: „Warum baut ihr nicht?" Er erwartete keine Antwort. „Ich borg' dir das Geld. Nicht alles, aber einen Teil – wenn du willst!" Ich wollte. Dann bekamen wir noch

den Rückflug von San Francisco nach New York spendiert.

Tagebuch, Brookhaven, 10.10.57..., "Ich habe auf einmal keine Lust mehr, wieder alles alleine zu machen: Alleine vorauszufahren mit dem uferlosen Gepäck und dann auch noch in einem holländischen Hafen zu landen, der Zoll, die ganzen Kisten und Kinder mit Sebastian, der jetzt laufen kann, nee, das seh' ich nicht ein: Helmut will 1 Monat später nachkommen, fein 1. Kl. auf Fulbright-Ticket, ohne Anhang, Gepäck und Scheererein, nee. Wozu hat man schließlich einen Mann? Und neuerdings ein Gleichberechtigungsgesetz (bei dem aber die Männer immer noch den "Stichentscheid" haben, typisch!)"

Also wir zogen für die letzten Wochen noch nach Brookhaven auf Long Island, wo Helmut Strahlungsversuche machte. Das war mir keineswegs geheuer: Allmählich war ja bekannt, welche Spätschäden die Bombe von Hiroshima, deren Abwurf Edward Teller, der "Vater der Wasserstoffbombe", verteidigte, verursacht hatte. Die Kontroverse zwischen ihm, der auch heftig für weitere Atomversuche plädierte und Linus Pauling, der unermüdlich vor den Gefahren radioaktiver Strahlung warnte, auch auf Erbschäden hinwies und für einen Stop oberirdischer A-Bombentest eintrat, dauerte in jenen Monaten an,

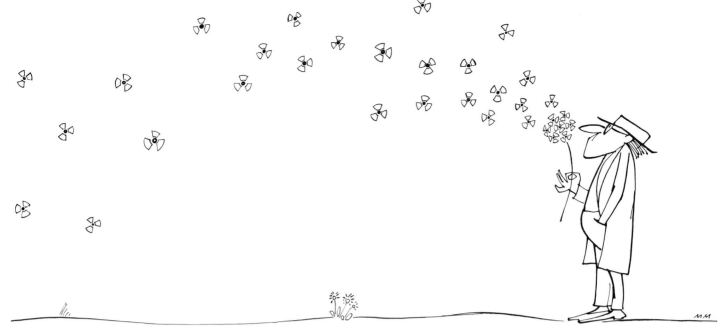

wurde aber durch den Sputnik in den Hintergrund gedrängt: Die Russen hatten am 4. Okt. ihren ersten Satelliten in die Erdumlaufbahn geschickt mit einem armen Versuchshündchen drin. Nicht nur unter den Atomphysikern und -Chemikern in Brookhaven herrschte helle Aufregung - ganz Amerika war fassungslos, daß die UdSSR die Nase vorn hatte im Weltraum und in der Raketentechnik.

Daß die Wissenschaftler im National Lab nicht nur im Elfenbeinturm der reinen Forschung hockten und allein dem puren Geiste dienten, war anzunehmen. Die Verflechtung von Forschung und Rüstung wurde zwischen uns heiß diskutiert und später von Helmut in etlichen Aufsätzen in der wissenschaftspolitischen Zeitschrift „Atomzeitalter" behandelt und von mir in meinen dort zum ersten Mal veröffentlichten Karikaturen.

In Heidelberg fingen wir fast nochmal von vorne an: Wohnungs-, -arbeits- und beinahe geldlos. Durch einen Freund kriegten wir aber eine billige Werkswohnung „am Staatsbahnhof"; das klang besser als Hauptbahnhof, war aber eher ein Nebengleis, von dem aus Uchen 2 Jahre lang im Bummelzug in die Stadt zur Schule fuhr, ich war erstmal abgekoppelt. Aber Wiesloch brachte uns auch Glück in Gestalt von Frau Bauer: Sie hielt mir den maschinenlosen Haushalt in Ordnung, blieb viele Jahre bei uns und war den Kindern eine zweite Mutter. — Ich bekam meinen 1. Auftrag am Ort: Einem Schokoladenosterhasen sollte ich ein neues Image geben; keine leichte Aufgabe, da die althergebrachte Hasenform die Gleiche blieb.

Im Frühjahr '58 sollte die Weltausstellung in Brüssel steigen, höchste Zeit also, um noch einen Auftragszipfel zu ergattern. Ich hatte zwar schon von USA aus meine Fühler ausgestreckt, aber jetzt rief ich (vom Telefon meiner Schwiegereltern aus) alle meine Architektenfreunde an, ob wer einen Draht zu Brüssel habe. Einer hatte, nämlich zu Hans Schwippert, der die Sektion Bauen & Wohnen im deutschen Pavillon in Regie hatte. Aber alle meine Arbeiten, die vorzeigbar gewesen wären, waren in der Kiste und diese schwamm noch als Schiffsfracht auf dem Atlantik. Das Einzige, was ich zeigen konnte, war „Die Reise nach Amerika." Er biß an, schlug vor, die für die Ausstellung vorgeschriebenen 4-sprachigen Begleittexte durch illustrative Zeichnungen zu ersetzen.

Auch bei Helmut ließ es sich gut an: Tagebuch, Dez 1957: H. hat vor Mannesmannmanagern einen Vortrag in Sachen Atom gehalten, worin er ihnen die fürchterlichsten Prognosen stellte nicht etwa hinsichtlich der Erbanlagenverseuchung durch Strontium 90, sondern hinsichtlich der unweigerlichen Pleite, die diese stolzeste und männlichste aller deutschen Firmen machen werde, wenn sie nicht schleunigst von ihrem altväterischen Kohle- auf das zukunftsträchtige Atomverhüttungsverfahren umsteige." Die friedliche Nutzung der Kernenergie war eines der Schlagwörter jener Jahre. Helmut machte auch ab Anfang des Jahres '58 im Atomforschungszentrum Karlsruhe Untersuchungen über die Anwendungsmöglichkeiten der Kernenergie auf die diversen Prozesse der Grundstoffindustrie. Und ich setzte sogar Reaktor und Kühlturm auf mein Weihnachts- und Neujahrsblatt 1957/58.

Die Anfang März '58 gegründete Bewegung "Kampf dem Atomtod" galt den Gefahren durch militärische Nutzung; (die Bundesregierung entschied sich einige Wochen später gegen die Stimmen der SPD für die Bewaffnung der Bundeswehr mit Atomwaffen.) - In die Forschung u. Entwicklung der Kernenergie wurden Unsummen von Steuergeldern gesteckt und auch Helmut konnte für seine neugegründete interdisziplinäre Forschungsgruppe bei Atomminister Balke Geld locker machen.

In Brüssel präsentierten alle Länder alles, worauf sie stolz waren. Wir prahlten vor allem mit den Produkten von Industrie, Kunst und Wissenschaft, so gab es u.a. auch eine Fotowand mit allen deutschen Nobelpreisträgern incl. derer, die wir ein paar Jahre vorher aus Deutschland rausgeekelt hatten, wir zeigten unsere Leistungen auf dem Sozial- und Bildungssektor und vor allem dem des Wiederaufbaus unserer Städte, des

Eigenheim- und sozialen Wohnungsbaues. Es war nicht nur die Aufbau- sondern auch die große Abrißzeit und die Zersiedelung der Landschaft war im vollen Gange, nur hatte noch niemand daran Anstoß genommen.

Dies recht positiv darzustellen war meine Aufgabe. Die 1:10-

Entwürfe und dann die 1:1-Pausen machte ich zu Hau-

se, wobei mir Sebastian eine unentbehrliche Hilfe war.

Vor Ort mußten die 1:1-Pausen im schönen, preisgekrönten, eiskalten und zugigen Stahl & Glas-Eiermann-Pavillon angebracht werden und dann pinselten wir zu dritt. 3 Wochen lang: Schwester Ike, Arthur und ich.

Eine unvergleichliche Atmosphäre wenige Tage vor der Eröffnung: In jedem Pavillon, in allen Räumen und Gängen, drinnen wie draußen, überall wird hektisch gearbeitet; unzählige Lieferanten, Handwerker, Architekten und Künstler schleppen, hämmern, legen Leitungen, probieren was aus, brüllen-, weisen- und geben an, fluchen und singen. Im US-Pavillon steht Saul Steinberg, schweigsam überzieht er dessen Wände mit seinen genialen Karikaturen und Collagen über den American Way of Life. Ach, wie kümmerlich und doof ist dagegen mein Zeug! Aber Spaß gemacht hat's doch! Und Geld gebracht auch. Als ich daran ging, meine Rechnungen zu stellen, zog ich die Gebührenordnung, die nach dem 4-Komponenten-System funktioniert, zu Rate: Auftrag mal Auftraggeber mal Auflage mal Graphiker (oder so ähnlich), z.B. die Osterhasen für die Kleine Schoko-Klitsche waren mit den niedrigsten Faktoren anzusetzen gewesen. Und wie sollte ich mich selbst taxieren? Mal 1? Mal 2? Ich rief einen berliner Kollegen an:

Du, Deine komische Gebührenordnung funktioniert nicht. Da kommt ja nichts Rechtes raus!

Dann machste wat falsch. Mannomann: WELTausstellung, STAATSauftrag! Sowat kommt doch nich wieder! Multiplißierst ebent solange, bis de uff die Summe kommst, die de dir jedacht hast. Kapiert?

Ich tat, wie er mich geheißen und kriegte mein Honorar ohne Wimperzucken; endlich war ich auch Teilhaberin am Wirtschaftswunder. Nicht so mein Vater: Er hatte vom Lastenausgleichsamt eine einmalige Zahlung von DM 125,- in Aussicht gestellt bekommen, so hoch hatte man dort das Betriebsvermögen der Kunstschule meiner Mutter zu veranschlagen beliebt.

Uchen hatte in der Zeit meines Brüsselaufenthaltes mit Frau Bauers Unterstützung Sebastian versorgt und liebgehabt, während Matthias die gute Gelegenheit zu nutzen gewußt und statt in die Schule meistens den Weg ins Feld genommen hatte; seine Schulmappe wurde mal als herrenloses Gut im Straßenbahndepot abgegeben.

Jetzt konnten wir daran gehen, ein Grundstück zu suchen. Zuerst wie alle: Draußen im Grünen, da gab's die schönsten billigen Wiesen am Wald, hinterm Berg....

Wir sahen die Kinder schon frei in der Natur aufwachsen – und ich sah mich, sie tagaus, tagein in die Schule und zurückfahren, ihre Freunde holen und bringen – nein. Wir fanden schließlich eine Scheune in Handschuhsheim, Kindergarten, Schule, Läden um die Ecke und Peter Kuhn baute sie uns zum allerschönsten Haus aus.

Auf einige Monate gehöriger Frau- und — Mutter-Aufholarbeit folgten 2 wundervolle Septemberwochen in Florenz, wo ich mit meiner Sprach und Stadtkundigen Freundin M.v.L. auf angenehmste Weise an ihrem Buch „Verzaubert in Florenz" arbeitete. Tags trieben wir uns in der Stadt herum und abends wurde geschrieben und gezeichnet. Uchen berichtete von zu Hause: „Helmut kommt jede Nacht um 2ʰ und stellt fest, daß Sebastian naß ist, dann muß ich ihn frisch wickeln. Wenn er danach artig ist, nimmt er ihn ins Bett, sonst ich."

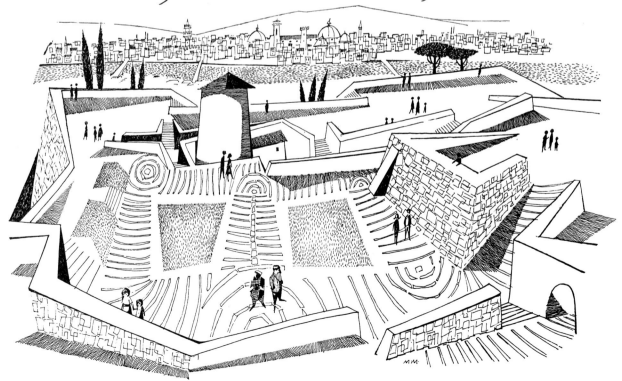

Mit einem großen Fest feierten wir den Einzug ins neue Haus. Der Architekt hielt sich meistens an einer tragenden Wand auf, doch die Decken hielten dieses und noch zahllose weitere Feste aus. Aber eines Nachts, wir wohnten erst ein paar Wochen im Haus, wachte ich von einem lauten Geräusch auf: Plums, Klatsch, Plums. Ich duckte raus und sah im Laternenschein die halbe Gasse, Stein für Stein in einem schwarzen Loch, und dann mit Getöse die gegenüberliegende Mauer in einem unter der Straße laufenden Bach verschwinden. „Jetzt sind wir dran", dachte ich und rettete Sebastian aus andere Ende des Hauses in Uchens Bett. Aber unsere Wand blieb stehen!

Im Spätsommer '59 begleitete ich Helmut nach Warschau, wo er an der Konferenz „Peaceful Uses of Nuclear Energie" teilnahm. Wir hatten kurz vorher einen polnischen Wissenschaftler kennengelernt, der uns nun mit seiner Frau in Warschau willkommen hieß; er brachte uns in der momentan leerstehenden Wohnung seiner Eltern unter, die zwar sehr bescheiden war, aber eine stattliche Bibliothek hatte, auch mit viel deutscher Literatur, außer den Klassikern auch Böll, Grass u.a.

Während Helmut in der Konferenz hockte, durchstreifte ich die Stadt. Tagebuch, 1. Sept. '59 ..... „von einem Turm aus bot sich ein trostloser Anblick: Ein buchstäblich dem Erdboden gleich gemachter Stadtteil, das Ghetto." ...... „Es gab keine Strassenecke, keinen Platz, wo nicht große Tafeln angebracht waren mit Fotos von Kriegsgreueln, Erschießungen und SS-Visagen. An vielen Stellen lagen Kränze und Blumen; Polen erinnerte sich und die Welt an den Einmarsch der Deutschen vor 20 Jahren".

Alle Konferenzteilnehmer fanden in ihren Fächern einen Bildband vor mit dem Titel in 3 Sprachen „Wir haben nicht vergessen." Die Bilder waren so schrecklich, daß ich sie vor meinen Kindern verbarg, obgleich ich sie immer über die Nazizeit aufgeklärt habe. — Unsere Gastgeber waren Juden, die Ghetto und KZ entronnen waren.

Auf der Rückreise fuhr ein DDR-Auto mal vor, mal hinter uns über die einsamen Landstraßen. Beim langsamen Überholen nahmen wir vorsichtigen Blickkontakt auf, bis wir schließlich an einer kleinen rostigen, wie sich dann herausstellte, benzinlosen Tankstelle hielten und uns begrüßten. Es war ein junges Ärztehepaar aus Potsdam. So fremd waren sich in jenen Jahren Ost- und Westdeutsche, daß es einen halben Tag dauerte, bis wir uns ansprachen.

Erst 13 Jahre nach Kriegsende wurde in Ludwigsburg die Zentralstelle zur Erforschung von NS-Verbrechen gegründet, da waren viele der KZ-Mörder und Schreibtischtäter längst abgetaucht, tot, zu alt, oder schützten Krankheit vor u. ließen sich Verhandlungsunfähigkeit attestieren.

Die Prozesse schleppten sich manchmal jahrelang dahin und endeten oft mit Freisprüchen oder skandalös milden Urteilen, da stets mit Erfolg „Befehlsnotstand" geltend gemacht wurde.

Ich habe all die Jahre diese Prozesse gegen die NS-Täter, sowie die verschiedenen Aktivitäten der Neo-Nazis mit meinen Karikaturen begleitet; die auf diesen Seiten sind zwischen 1960 und '63 entstanden. (1960 begann der Eichmann-Prozess in Jerusalem).

wenn ich artig bin

und ohn' Eigensinn,

Tue, was ich soll.—

Oh, wie ist mir wohl!

Wir waren kaum aus Polen zurück, da schwappte wieder eine antisemitische Welle über die Bundesrepublik, von Köln ausgehend, wo die Synagoge beschmiert worden war. Seit vielen Jahren gab es immer wieder aufs Neue Neonazistische Aktionen, wie das Aus-

brechen einer alten Krankheit, deren Ursache man nicht wahrhaben will und die nie ernsthaft bekämpft und darum auch nicht ausgeheilt worden und zudem hochinfektiös ist (bis heute).
Einmal sollte ich, - schnell und nur was ganz Kleines - ins Poesiealbum eines Kunstkritikers zeichnen, was ich auch brav tat. Ich ahnte nicht, daß ich voll ins Schwarze bzw. Braune getroffen hatte. Der Kunstfreund erbleichte und hieß mich die Zeichnung entfernen. Er war aber nur ein NS-Kunst-Mitläufer gewesen.

Tagebuch, Jan. 1960 „P. schreibt mir immer so schöne Briefe: „Genieße es," schreibt er, „in der Mitte des Lebens zu stehen, es ist die schönste Zeit überhaupt!" Wahrscheinlich nur rückblickend; ich finde diese Lebensmitte eher langweilig. Plötzlich fange ich an, nicht mehr nur für mich, sondern für die Kinder zu leben, d.h. ich begreife, daß ich es tun müßte und bin natürlich noch weit davon entfernt. Aber schon diese Einsicht ist kollossal lähmend ...".... „ich begreife, daß das Leben nicht ewig währt und weiß: Dieses und jenes hast du falsch gemacht und wirst, vor eine ähnliche Situation gestellt, es wieder genauso falsch machen, weil du dich nicht mehr viel ändern wirst. Du überschätzst deine Kräfte und Fähigkeiten nicht mehr, und das ist eine schwere Mangelerscheinung. Wie toll ist es, sich stärker zu fühlen, als man ist, welche Reserven, welche Möglichkeiten liegen darin!"..... „Uchen ist noch voll von solcher Kraft des Lebensanfangs, sie entwickelt sich, trotz meiner lückenhaften Erziehung, zu einer fabelhaften Person, selbständig und verantwortungsbewußt und voller Bereitschaft, zu suchen und zu finden ...." .... „Sebastian: An ihm ist noch nichts verbogen und gestutzt, sein Wasser ist noch nicht getrübt. Manchmal heule ich vor Rührung und Glück, aber auch vor Trauer, daß dieses zarte Bäumchen ein Baum werden muß, mit einem dicken Stamm, damit er nicht vom Sturm umgebrochen wird. Und ich soll auch noch helfen, daß aus der Lieblichkeit Kraft wird!"..... „und Matthias: Man muss doch nun mal in dem Teich schwimmen, in den einen der liebe Gott gesetzt hat, – ich muß und muß ihm doch die Flossen wachsen lassen, damit er darin schwimmen kann, sonst wird er von den Hechten gefressen.

Selbst Hecht wird er nie werden, soll es nie werden, ich will es nicht sein und meine Kinder sollen es nicht sein, sie sollen die schönen, klugen bunten Fische sein, die nicht die Kleineren fressen. Aber sie sollen auch nicht gefressen werden."

Ich war doppelt glücklich: Über das süße, wohlgestalte kleine Mädchen und daß ich mit seiner Geburt zugleich einen der heißesten und schwülsten Sommer, die Heidelberg zu bieten hat, hinter mir hatte.

„Eine große Familie ist schön, auch wenn das drum und dran manchmal zum Verzweifeln ist. Ein Tisch mit vielen Näpfchen und was drin in den Näpfchen IST schön!" Das schrieb mir Jussi, die mir eine treue Freundin war und ist, obgleich wir wenn auch nicht gleichzeitig, so doch nacheinander denselben Mann hatten. Sie hatte jetzt 2 kleine Töchter von ihm und ich einen 14-jährigen Sohn, die nun seit einem halben Jahr ohne Vater waren: Er hatte den jahrelangen, verzweifelten und qualvollen Kampf gegen seine Krankheit doch schließlich verloren; einer der Männer, die zwar nicht der Heldentod ereilt hatte, in die sich aber während der langen Kriegsjahre (mit 18 war er eingezogen worden und mit 25 kehrte er zurück) der schleichende Tod eingenistet hatte. Seinem letzten Brief hatte er 20.- Mark beigelegt: „... für Matthias, kauf ihm „die Regentrommel" und „The family of man. Und laß die Kinder gegen Tb impfen." —

Für welches ältere Kind bedeutet es schon Anlaß zur Freude, wenn das Nächstkleinere ankommt? Vermutlich war ich für meine ältere Schwester eine Zumutung, Matthias eine für Uchen und diesem war Sebastian wohl so unwillkommen, wie Fränze dem armen Sebastian, der mir noch süße Liebesballaden sang und auf der Ukelele vorspielte.

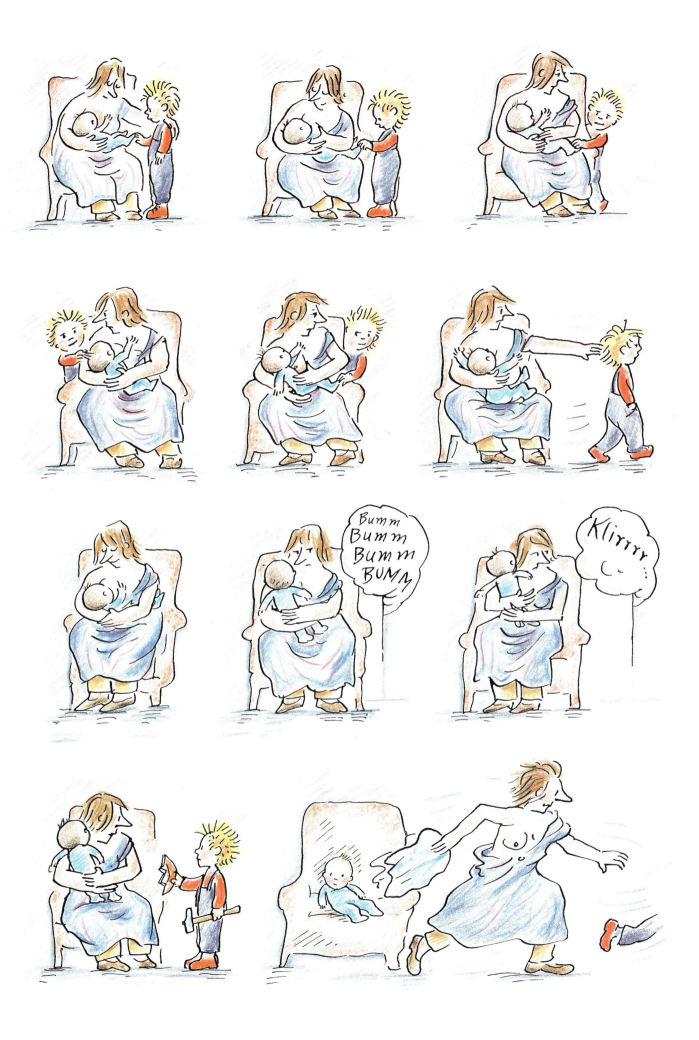

Wir wohnten nun schon über ein Jahr in unserem Haus, in dem wir uns anfangs ganz verloren vorkamen, weil wir so wenig Möbel besaßen. Bisher hatten wir vor lauter Hin-und Herziehen nirgends Wurzeln schlagen können, jetzt konnten wir's und auch wir hatten unseren Anteil an dem zunehmenden Wohlstand in der BRD, wenngleich die Wahlparole der CDU „Wohlstand für alle" absolut kein Grund für uns war, ihr bei der anstehenden Wahl wieder zur absoluten Mehrheit zu verhelfen, indem wir sie etwa wählten; (sie verlor sie). Helmut, dessen Studiengruppe sich mit Problemen von Wissenschaftsorganisation und Forschungspolitik beschäftigte, hielt nun, wie viele andere junge Wissenschaftler auch, immer engeren Kontakt zu amerikanischen Universitäten und Institutionen und reiste oft zu Gastvorlesungen und Konferenzen in die USA: Auch ein Ergebnis der durch Adenauer hartnäckig betriebenen Westintegration der BRD. Parallel dazu arbeitete Ulbricht ebenso stur wie zielstrebig an der Ostintegration der DDR; so ergänzten sie einander aufs Gesamtdeutscheste. In Ostdeutschland, wo der Wohlstand auf sich warten ließ, orientierten sich die hoffnungsvollen Nachwuchswissenschaftler in Moskau oder anderen sowjetischen Universitätsstädten.

    Während wir uns in unserem Haus einnisteten, verließen drüben Unzählige ihr Zuhause. Seit Chruschtschow Ende Nov.'58 in seinem Berlin-Ultimatum u.a. die Entmilitarisierung der - noch nicht ganz - geteilten Stadt und den Verzicht der Bundeswehr auf Atombewaffnung gefordert und mit der Schließung der Zufahrtswege nach West-Berlin gedroht hatte, benutzten Tausende die S-Bahn als immer noch relativ einfache Fluchtmöglichkeit. Die allmonatlich gemeldeten großen Flüchtlingszahlen wurden schon fast als normal empfunden, je mehr sich aber im Frühsommer '61 die Gerüchte um die bevorstehende Schließung der Sektorengrenze verdichteten, desto gewaltiger wurde der Flüchtlingsstrom Im Juli 30000, Anfang August 47000 — und als es dann soweit war und Ulbricht am 13. August dicht machte, waren die 3 Millionen fast voll; wir waren fassungslos und die Berliner traf's ins Herz. Nicht so Konrad Adenauer: Er ließ sich in Berlin nicht blicken, als die Mauer hochgezogen wurde und die Westmächte ließ die ganze Sache kalt, sie fühlten ihre Interessen dadurch nicht berührt. All dies ist sattsam bekannt, aber es schadet nicht, sich ins Gedächtnis zurückzurufen, daß unsere west/östlichen deutschen Staatsmänner ebenso beharrlich wie erfolgreich an der so oft beklagten Teilung mitgewirkt haben und daß ein Schießbefehl wieder einmal einen Befehlsnotstand nach sich zieht.

Kieke Kieke Kieke!
eine Friederike!
is das nu die beste
alleraller letzte?
Hast Du für Dein Kindl
auch schon eine Windl?
Dass sie auf dem Bauche
nackt nich „Krauche"?
Wieviel Pfunde hat se?
trinkt sich immer satt se?
Und noch eine Frage:
Was hat se für Haare?
macht se schon die Augen auf?
Drück von mir ein Küsschen drauf!

                        Dein Onkel
15·XI·61   Gerhard

Lieber Ohm – am Kölner Dom,
ich wünsche Dir – und mir
FRIEDEN. – FRIEDE-rike hat sich unterdessen
      schon ganz kugelrund gefressen –
    ich hab ihr von Dir
Ein Käs'chen aufs Näs'chen – nein:
Ein Küss'chen aufs Nüßchen – ich mein:
Aufs Füßchen gegeben.

    Ihr und Dir ein langes Leben!

Es war damals noch eine Überraschung, ob nun ein Junge oder ein Mädchen auf die Welt kommen wird. Egal: Friedrich oder Friederike, der Name stand für mich fest und galt zur Hälfte meinem Jugendidol Friedrich II von Preussen, zur anderen Hälfte aber sollte er eine Friedensbeschwörung sein: Das „Kindl" (dessen „Windl" schon in der Wasch-

maschine und nicht mehr im Kessel auf dem Herd gekocht wurde, die aber noch immer aus Baumwolle war, aufgehängt, getrocknet, gezogen und zusammengelegt werden mußte, – das Kindl hatte sich mit seiner Ankunft in eine gefährliche Zeit plaziert: Die Berlin-Krise dauerte noch an: Trotz der Mauer waren schon wieder Zehntausende geflüchtet, und die Kuba-Krise, die uns nun

erneut an den Rand eines Krieges brachte, veranlasste die Großmächte, die Rüstungsspirale wieder hemmungslos hochzudrehen. Helmut war auf dem Höhepunkt der Krise gerade in Kalifornien; er zählte durch seine Arbeiten über die Zusammenhänge von Forschung und Rüstung sicher zu den überdurchschnittlich informierten Leuten. Als er mir am 22.10.61 schrieb, war er keineswegs so weit hinterm Mond, wie das aus heutiger Sicht den Anschein haben könnte ....„Die Weltlage hat sich plötzlich sehr verschlechtert .... im Falle eines Atomkrieges ist Heidelberg ziemlich gefährdet, sicherer ist der Odenwald, noch sicherer Burgstall u. noch sicherer Bad Reichenhall. Vermutlich würde der Kampf mit den Atomwaffen nur einige Tage dauern. Dann kommen 10-14 Tage Schutzsuchen vor dem Fallout, das ist im Odenwald oder in Burgstall besser als in Handschuhsheim. Sollte es zu einer russischen Besetzung kommen, so scheint mir ein Aufenthalt im Odenwald ungünstiger als in Heidelberg, allerdings wäre die Versorgung mit Lebensmitteln auf dem Land einfacher. Die Frage ist, ob man überhaupt was unternimmt. Mir scheint folgendes angebracht: Vorbereitungen sofort. Lebensmittel einkaufen. Notgepäck packen. Nachrichten genau verfolgen. Wenn es schlimmer wird, sieht man daran, ob in Berlin gekämpft wird. Wenn ich bis dahin nicht zurück bin, solltest Du den Standort wechseln. Halte Verbindung mit Claus Koch, er ist einer der Wenigen, die die Lage beurteilen können."
Da konnte ich ja von Glück sagen, daß sich die Weltlage, als der Brief bei mir ankam, plötzlich wieder verbessert hatte.

Am 24.10 war Helmut bei RAND, da wurde ihm dann reiner amerikanischer Wein eingeschenkt: Man rechnete ihm am Computer die Survival-Rate für Europa im World-War III aus: Natürlich drastisch niedriger als im WW II, „but you will have your Wirtschaftswunder again!"

Ein Jahr später, als Kennedy ermordet wurde, war er wieder drüben. Uchen, 18, schrieb ihm: „Erst wollte ich's nicht glauben, aber als es in mein Bewußtsein drang, war ich richtig verzweifelt und alle anderen Leute auch. Wenn sie de Gaulle oder Adenauer umgebracht hätten, - nun ja, aber Kennedy! Es ist so, als ob ein Versprechen, von dem meine Zukunft abhängt, nicht eingelöst worden ist....."

Uchen hatte es als Älteste natürlich nicht so einfach, und für mich war es das erste Kind, das begann, sich von mir zu lösen mit den dazugehörigen Begleiterscheinungen, die mir bei den nachfolgenden Kindern dann nicht mehr so unverständlich waren. Wenn es aber um die 3 Kleinen ging, war sie immer zur Stelle, und daß ich meinen Beruf nicht zeitweise aufgeben mußte, verdanke ich auch ihr. 5 Gören, -

wer hätte mir das an der Wiege gesungen! 2 Große, ständig opponierende, eins, das eben eingeschult und todunglücklich war und 2, ebenso süße wie anstrengende Kleine, die Ältere natürlich eifersüchtig auf die Jüngere. Hier kitte ich in einer unverhofften Einsatzpause den „Heiligen" (Dornburger) Teller, den Sebastian 3 Jahre zuvor zerschmettert hatte.

▲

Jetzt war ich natürlich erstmal ans Haus gebunden und ich nahm die alten Fäden wieder auf. Heiner Braun (der Filmclubgründer) hatte jetzt den Verleih „neue filmform"; ich machte Plakate für ihn, u.a. „Tod eines Radfahrers", „In jenen Tagen", „Der Apfel ist ab."

▲ DIE FRIEDLICHE NUTZUNG ... von Sex Bomben unter reger Beteiligung hoher militärischer Würdenträger von den Anfängen bis zur Jetztzeit

Sie kommen all den Busen prall von Orden
↓ VÖLLEGEFÜHL? ↓
Die wilden Horden sind sanft geworden.
Da wandeln Vandalen
↓ SCHULDGEFÜHL? ↓
auf Salamander Sandalen
IN JEDEM HOCHSCHULREFORMHAUS ZU HABEN
Und Nero frisst statt Christen nur noch Kommunisten
ANNONCE VÖLLEGEFÜHL? Dr. GREISENAUER'S PROPORTZPURGATORIUM HILFT
Auch das FIBAG-FRÄNZCHEN kommt zum

KO MEXIS TÄNZCHEN

Und immer wieder boten mir Einladungen für Faschingsfeste Gelegenheit, auf das Zeitgeschehen Bezug zu nehmen. Mein feministisches Bewußtsein war allerdings damals noch vollkommen unterentwickelt!

Endlich kam wieder ein großer Auftrag: Ich sollte den Beitrag der Bundesrepublik auf der großen Ausstellung „Atoms for Peace" in Genf gestalten. An der „Friedlichen Nutzung" fanden wir, wie gesagt, kein Fehl und wir glaubten die Behauptung, daß sie die saubere, billige Energiequelle der Zukunft sei, und so kam mir auch garnicht in den Sinn, ich könne etwa mit meiner Arbeit eine fragwürdige Sache frisieren. Ich hatte die Modelle bereits stehender und geplanter Reaktoren und die Produkte von ca 70 Zulieferfirmen zu präsentieren (Alkem und Nukem waren auch dabei),

wobei meine Hauptaufgabe darin bestand, mit etwa doppelt so vielen zuständigen Herren von der Atomindustrie einerseits und Regierungsbeamten andererseits darum zu streiten, was ausgestellt werden soll und vor allem: Wie. War ich für bunt, so waren die Herren alle für grau, und besonders waren sie dagegen, daß ihnen eine Frau reinredete oder schrieb (mit einem Finger auf einer Olivetti). Es war eine frustrierende Arbeit, die ich aber fast ganz von zu Hause aus machen konnte. — Diese 9 Meter lange Fotowand zeigte Mikroaufnahmen von radioaktiv bestrahltem u. geschliffenen Metall, die Kugeln: Brennelemente.

Die gegenüberliegende Wand des Sitzungszimmers hatte ich mit diesen Konferenzszenen ausgestattet, das war fast die einzige Arbeit, die Spaß gemacht hatte. Und die Rechnungsstellung, die ich nach dem in Brüssel erprobten Multiplika-

tionsmuster vornahm, jetzt: Ausstellungsgesellschaft (I) x Ausstellungsbehörde (BRD, II) x Ausstellungsgut (AKW'S, III) x Ausstellungsgestalterin (IV). Nun fand I die errechnete Endsumme von IV völlig überzogen und I, II, III u. IV fanden

sich in einem ähnlichen, nur noch viel größeren Sitzungssaal und statt in Genf in Bonn einander gegenüber, jeweils mit Anwalt. Meiner war der Beste und die Herren mußten die hergelaufene Graphikerin so wie einen Mann bezahlen!

Forschung über Forschung

Unsere seit Jahren angestrebte Zusammenarbeit realisierten wir aber nicht bei diesem „Atoms for Peace"-Auftrag, sondern im „atomzeitalter" (atz). In den Jahren '63–'66 durchsetzte ich diese kleine aber feine wissenschaftspolitische Zeitschrift, die aus den „Kampf dem Atomtod"- und „Ostermarsch"-Bewegungen hervorgegangen war, mit meinen Zeichnungen, und Helmut schrieb darin etliche Artikel. Durch die Mitarbeit beim atz lernten wir allmählich, uns die hochgelobte „Friedliche Nutzung" endlich genauer und argwöhnischer an-

Die 3-Einigkeit von Politik, Forschung + Militär

Die Käufliche Wissenschaft

zuschauen. Meine bevorzugten Themen aber waren immer wieder die Wissenschaftler,

MIT DER BOMBE LEBEN

die bewußt oder unbewußt dem Militär zuarbeiten, und der Rüstungswettlauf.

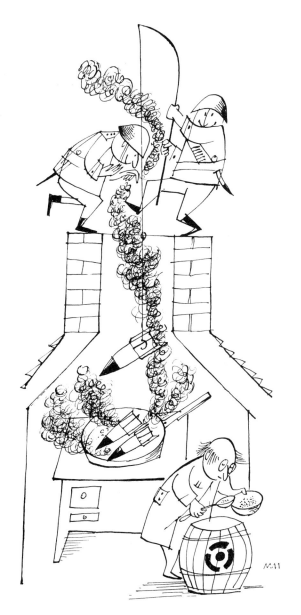

Mit Claus Koch, dem Redakteur und seiner Frau Anne M. verband uns bald enge Freundschaft, und einige der Autoren des atz arbeiteten auch gelegentlich für Helmuts Studiengruppe (von unseren Kindern „Stubengruppe" genannt) und einige wurden zu unseren Freunden.

Deformierte Gesellschaft

Ab und zu versuchte ich mich im atz auch an außen- und innenpolitischen Themen. Erhard hatte gerade die Formel von der „Formierten Gesellschaft" gefunden und Hochhuth einen „Pinscher" genannt, wie überhaupt Künstler, die sich in Politik und Wirtschaft einmischten, als Banausen

und sachunkundige Nichtskönner diffamierte. Die nebenstehende Karikatur aus dem atz wurde von der Süddeutschen Zeitung nachgedruckt mit der Anfrage, ob ich Lust hätte, regelmäßig für die SZ zu zeichnen. Die hatte ich natürlich und meine erste, extra für sie gezeichnete Karikatur galt wieder Erhard, denn er war gerade in der Wahl vom September 1965 Bundeskanzler geworden. — Für Willy Brandt hatten sich viele der beschimpften Künstler, Schriftsteller und Intellektuellen eingesetzt, aber die üble Verleumdungskampagne gegen ihn, er sei als Emigrant ein Verräter und unehelich noch obendrein, hatte ihre Wirkung nicht verfehlt. Auch der Wahlkampfruf von Günter Grass „ES-PEH-DEH!" hatte Willy Brandt noch nicht zum Sieg verhelfen können.

„Hätte ich doch den Ganghofer geritten!"

1964 fand in Heidelberg der Soziologentag statt. Natürlich war anschließend bei uns ein großes Fest, eines der un-

zähligen, die unser Haus hat aushalten müssen. Der Morgen zog schon auf und wir (Frauen) machten uns daran, das übliche Chaos zu beseitigen, damit die Kinderchen mit ihren nackten Füßen nicht in die Scherben traten. Meine obige Frage wurde aber als unpassend empfunden oder sie war nicht präzise genug gestellt.

Mein Leben spielte sich in dieser Zeit im Wesentlichen zu Hause ab; wie der normale Alltag aussah, geht aus meinem Notizbuch hervor: 4.3.64: „Matthias baut mit seinen Freunden den Keller aus. Ich soll wegen „Erziehungsfragen" in seine Penne kommen, wie ich sowas hasse!"... „Abends wieder die Bude voll: Arthur, Schorsch, Pfeife, nett." 6.6. „Matthias mit Clique Twist-Party. Irrsinnstag, Kinderbetrieb. Vergebl. Vers. zu arbeiten." 7.6. „Riesensaustall nach M's Party, die Kleinen wimmeln zwischendrin rum. Frau Kuby da, m. 3 Söhnen, an arbeiten nat. nicht zu denken. Abends b. Habermasens. Mit Picht in d. Wolle gekr. wegen seines Ausweichens auf m. Frage, was er 1940 von Kienzheim gewußt habe. Zieml. versoffener Abend." 9.6. „Zimmer gestrichen f. Pa., ihn v. Bhf. abgeholt. 12.3. „Endlich Frühling, Vogelkonzert, alles blüht. Mit P. auf dem Berg, zu anstrengend für ihn. Abds. hat er 39° Fieber. Sebastian auch. — Vesters da. „Bildungskatastrophe" für atz gezeichnet." 13.3. „Beide Kleinen auch krank. Mit P. beim Arzt, 2 Spritzen. Schlaflose Nacht, Frä. u. Fri. hohes Fieber. Sorge m. Pa." 16.3. „Sebastian wieder in der Schule, Sauzeugnis, der Arme. Seine Lehrerin ist vor allem eine pädagog. Katastrophe. Wenn wir ihn nur umschulen könnten."... „Großepappi schenkt ihm blanke 5,- M, freut sich üb. ein schlechtes Zeugnis genauso wie über ein gutes!"

Mit den Kindern war immerzu irgend was los: Sebastian verschluckte einen Bonbon, aber Matthias rettete ihn geistesgegenwärtig. — Am selben Tag, zur selben Stunde wurde Fränze von einem Hund gebissen und Fritze klemmte sich den halben Finger ab. Wir wechselten uns beim Warten in der Klinik ab, und als ich Uchen gerade mal wieder ablöste, waren 3 Stunden vergangen, und dann schlug ich endlich Krach. Die Fingerkuppe wuchs zum Glück wieder an; damals durften die Mütter noch nicht mit ins Operationszimmer, mehr als einmal habe ich ein weinendes Kind alleine lassen müssen.

Sie hätten doch einfach sagen können, sie seien Privatpatientin, dann wären Sie gleich drangekommen!

Natürlich war ich, wie alle Mütter, die Kinder in diesem Alter haben, ständig müde. Die nicht endenwollende Arbeit mit kleinen Kindern wird aber reich belohnt und ich bin froh, daß ich diese Glücksmomente seinerzeit aufgeschrieben habe, sonst wären sie wohl im Meer des Vergessens versunken.

Ein Brief aus USA, als Helmut mal wieder drüben war:
..... „Mir tut das Herz weh, wenn ich nur daran denke, wie oft Sebastian nach mir gerufen hat, wenn ich in meine Sachen verbohrt war; aber ist es nicht schon besser geworden? Es wird jetzt beschaulicher bei uns: Ich werde viel mehr lesend, schreibend, nachdenkend leben ...." Vonwegen: Nächster Brief: „Der Ärger hat sich gelohnt: Nächsten Sommer sind wir auf dem Schiff! Die Reise wird bezahlt! Wir mieten ein schönes Haus! Man läßt mich ganz in Ruhe, ich soll nur ein Buch über Science policy schreiben!! Die Welt ist doch dankbar...." — So entzückt wie er war ich nicht. Für mich hieß es, ausgesponnene Fäden (z.B. zur SI) wieder zerreißen zu lassen. Aber die Aussicht auf eine freiere und humanere Schule lockte, und so brachen wir mit den 3 Kleinen auf. Der halbe Erdball lag nun zwischen meinen beiden Großen und mir, die Trennung blieb ein Stachel in meinem Herzen. Aber ich hatte meine liebe Schwester Ike in San Francisco, die dort schon lange lebte. Als erstes bewaffnete sich Sebastian, einem lange von uns unterdrückten Trieb folgend, in einer Plastikspielzeugentsorgungsdeponie.

Die Hippie-Kultur blühte, wir waren oft im „Fillmore" und auf den Festen der Blumenkinder im Golden Gate Park und auf dem Mount Tamalpais. Bolinas und Muir-Beach waren von jungen Paaren mit ihren Kindern bevölkert, man machte Feuer aus Driftwood und fand sich gegenseitig nett. Hier wird Fränze von einem Hippiemädchen mit aufs Pferd genommen! — Während Helmut für 2 Wochen nach Japan flog, machte ich einen

Bolinas

Wir wohnten schön, aber am Rande der Stadt, und ich saß meistens im Auto, um die Kinder zu transportieren. Zum Glück hatte ich einen kleinen Zeichenfilm zu machen, (in dem ich u.a. mein Dasein als Grüne Witwe thematisierte), alles an „City Life" war Eigenbau, und Sebastian machte die Musik. — Helmut war an der Uni Berkeley im Zentrum der Studentenbewegung. Die großen Demonstrationen gegen den Vietnamkrieg wurden von ihr getragen, die Flower-Power bestimmte das Erscheinungsbild. Natürlich waren wir dabei!
Einer der ersten Sätze, die Fränze schreiben konnte war:
MAKE LOVE NOT WAR

Als wir im Herbst 1967 zurück kamen, schickten sich die Studenten bei uns gerade an, den Muff von 1000 Jahren aus den Talaren zu lüften.

Während ich dieses Buch zu Papier brachte,
hat meine Freundin Uscica Perabo
den Garten von Schnecken,
den Text von Fehlern,*
und mich von Zweifeln
und den Lasten des Alltags
befreit.
Dafür danke ich ihr
allezeit.

*Die noch verbliebenen Fehler zu verbessern habe ich mich geweigert.